Michael Tosch

Besprechungen moderieren

managerSeminare GmbH, Bonn

Michael Tosch:
Besprechungen moderieren

3. überarbeitete Auflage
© 2002 managerSeminare – Edition Neuland
Gerhard May Verlags GmbH
Endenicher Str. 282., D- 53121 Bonn
Tel.: 02 28 / 9 77 91-10, Fax.: 02 28 / 9 77 91-99
e-Mail: info@managerseminare.de
http://www.managerseminare.de
Druck: f&m GmbH & Co.

Alle Rechte, insbesondere das Recht der Vervielfältigung
und der Verbreitung sowie der Übersetzung vorbehalten.

ISBN 3-931488-57-8

Inhaltsverzeichnis

1.	Die Ausgangssituation	5
2.	Was wir alles Besprechung nennen ...	15
	Erste Zwischenbilanz	22
3.	Besprechungen moderieren: „Welche Themen liegen an?"	25
4.	Ideen „à la carte"	37
5.	Aus Ideen Maßnahmen destillieren	47
6.	Wer macht was – und bis wann?	55
	Zweite Zwischenbilanz	62
7.	Wenn es blitzt und donnert – Konflikte meistern	63
8.	... gegen landläufige Besprechungsfehler gefeit?	67
9.	Rollenspiel – Sie als Moderator	71
10.	Startphase: Bereiten Sie Ihre moderierte Besprechung vor	75
	Stichwortverzeichnis	80

Hinweis des Autors:
Der Lesbarkeit und Kürze halber werde ich das Wort Mitarbeiter, Teilnehmer und Moderator verwenden. Unter Mitarbeiter sind auch Mitarbeiterinnen begriffen, unter Moderator auch Moderatorinnen und unter Teilnehmer auch Teilnehmerinnen. Das gleiche gilt für Abteilungsleiter, Manager und andere Begriffe, die die Funktionen von Personen wiedergeben. In diesem Punkt hoffe ich auf das Verständnis meiner Leserinnen und Leser.

1. Die Ausgangssituation
Besprechung: Morgens, 9.30 Uhr
im Konferenzzimmer

Kurz nach halb zehn Uhr im Konferenzzimmer 6A eines Wiesbadener Unternehmens. Kaffeetassen klappern, Papier raschelt. Die ersten Besprechungsteilnehmer blättern in ihren Akten. Ein kleines Grüppchen spricht mit gedämpften Stimmen. Nachzügler treffen ein, blicken sich kurz um und setzen sich. Am besten in die letzte Stuhlreihe, möglichst weit weg vom Besprechungsleiter.

So fängt jede Besprechung an. Keiner möchte gesehen oder gehört werden in der Konferenz.

Die Türe wird geschlossen. Hörbar und energisch. Wie ein Signal! Mit „kleinem Gefolge" (einer jungen Assistentin an der Seite) platzt der Marketingleiter ins Zimmer. Er setzt sich. Spart sich den Gruß. „Was ich mit Ihnen zu besprechen habe …" Und beginnt zu reden. Vierzig Minuten lang. Wer redet, beobachtet selten mit ganzer Konzentration seine Zuhörer. Und bemerkt nicht, dass nach zehn Minuten die ersten Zuhörer gedankenverloren aus dem Fenster sehen, sich vielleicht ein Rendezvous mit der Assistentin ausmalen oder über die Arbeit nachdenken, die sich unerledigt auf ihrem Schreibtisch stapelt.

Der „Chef" redet, alle anderen schweigen – dieses Bild haben viele Menschen vor Augen, wenn sie an Besprechungen denken. Die Besprechung steht derzeit in keinem guten Licht: „Thronsaal" für die Selbstdarstellung einiger weniger, „Schlachtfeld" für den Grabenkrieg verfeindeter Abteilungen, „Kindergarten" für das Gezänk um Nichtigkeiten. Mitunter scheint es, an keinem anderen Ort in einem Unternehmen wird so viel geredet und so wenig erreicht wie in Konferenzzimmern – einmal abgesehen von der Kantine.

Besprechungen werden gemieden oder für Machtkämpfe genutzt.

Kapitel 1

Schlecht geführte Besprechungen rauben wertvolle Arbeitszeit und gelegentlich Nerven – und kosten die Firma wöchentlich und täglich viel Geld. Trotzdem ziehen landauf, landab allmorgendlich Sachbearbeiter, Projektleiter, Filialleiter, Arbeitsteams und Manager wie die Lemminge in die Besprechungsräume. Den Meetings grundlos fernbleiben – ausgeschlossen! Und doch nutzen einige jedes sich bietende Schlupfloch, um den lästigen Besprechungen zu entkommen.

Indes, fragen Sie in einem Unternehmen nach, ob es ohne Besprechung geht? Ob man diese lästigen Zusammenkünfte nicht streichen sollte? Ersatzlos, um die gewonnene Zeit anderweitig zu verwenden? – Nein! Besprechungen müssen sein, und sie müssen tatsächlich sein. Niemand würde darauf verzichten wollen. Ohne Informationsfluss kann ein Unternehmen nicht funktionieren. Der Hauptumschlagplatz für Informationen sind nun einmal Besprechungen, Sitzungen, Meetings oder Konferenzen. Auch dies wissen viele Mitarbeiter genau: Sie benötigen Besprechungen. Und zwar Besprechungen, die am Ende handfeste Ergebnisse erbracht haben. Die sich lohnen. In denen Mitarbeiter zu Worte kommen und Fakten äußern oder Fragen stellen können, die ihnen unter den Nägeln brennen. Die Bereitschaft wäre groß, Besprechungen zu besuchen. Würden sie nur zum Erfolg führen. Könnten Mitarbeiter mitreden, würde in den Konferenzzimmern etwas bewegt.

Konferenzen sind essenzielle Informationsgeber.

Bestandsaufnahme Nummer eins:
Besprechungen sind wichtig.

Wenn Unternehmen komplexe Aufgaben und Herausforderungen bewältigen wollen, müssen Informationen fließen. Trotz aller Kommunikationstechnik – persönliche Meetings bieten eine nicht zu verachtende Chance, alle an einem Projekt beteiligten Mitarbeiter zu informieren, gemeinsam Probleme zu beraten, Ideen zu suchen und Maßnahmen abzustimmen. Am „runden Tisch" führt kein Weg vorbei.

Die Ausgangssituation

**Bestandsaufnahme Nummer zwei:
An kaum einem anderen Ort wird so unproduktiv gearbeitet wie in Besprechungszimmern.**

Erstens: Man hat festgestellt, dass Besprechungsteilnehmer annähernd achtzig Prozent der Zeit damit verbringen darüber nachzudenken, weshalb Maßnahmen (die gerade ein Kollege vorgeschlagen hat) sich nicht umsetzen lassen. Argumente werden mit einem „Das ist doch Unsinn!" oder „Das hilft uns doch nicht weiter!" vom Tisch gefegt. Nur in einer von fünf Besprechungsstunden bemühen sich die Teilnehmer, handfeste Ergebnisse zu erzielen. Der Rest der Zeit wird verschenkt. Allein dieser Mangel an „Ergebnisorientierung" kostet Unsummen von Zeit und Geld.

Zweitens: Die Kooperation während einer Besprechung lässt zu wünschen übrig. Um nicht zu sagen: Ist bestürzend schlecht. Wie verfeindete Polit-Fraktionen hocken unterschiedliche Grüppchen und Cliquen am Tisch, blockieren sich gegenseitig und kommen über ihr „Erbhof-Denken" nicht hinaus. Ergebnisse kommen in einem solchen Klima selten zu Stande. Viele gute Ideen kommen erst gar nicht ins Gespräch, weil sie zu früh verworfen und im Keim erstickt werden. Die landläufige Kritik richtet sich auch gegen die Profilierungssucht einzelner Teilnehmer. Gegen Fachleute, die über alle Köpfe hinweg dozieren. Gegen machtbesessene Führungskräfte oder streitsüchtige Mitarbeiter. Eine leidgeprüfte Teilnehmerin: „Die Konferenzzimmer sind der einzige Ort in unserem Unternehmen, wo man sich ohne Scham wie im Affenkäfig benehmen darf."

Mit positivem Ansatz negative Schwerpunkte vermeiden und so Effizienz schaffen.

Drittens: Bei ineffizient geführten Besprechungen schlagen neben der (verschenkten) Besprechungszeit auch Nebenkosten zu Buche. Denn was auf Besprechungen nicht geklärt wurde, müssen Teilnehmer hinterher über Umwege nachbereiten. Wie gesagt, umständlich und über Umwege: Statt dass die Gruppe beispielsweise einen Arbeitsplan oder ein Pro-

Kapitel 1

blem gründlich auf einer Besprechung klärt, bricht nach der Besprechung blind-hektische Betriebsamkeit aus. Arbeiten werden doppelt erledigt, komplizierte Rücksprachen über drei Ecken genommen. Manche Arbeiten bleiben liegen und behindern das Projekt. Keiner weiß, was der andere tut. Das kostet nicht nur Zeit und Geld. Es raubt Motivation, Begeisterung und Freude an der Arbeit.

Viertens: „Kaum auszudenken, wenn unser Unternehmen beispielsweise eine Produkteinführung so planen würde wie eine Besprechung", seufzt ein Teilnehmer. Chaos herrscht. Häufig genug kennen die Besprechungsteilnehmer nicht einmal das Ziel des Meetings und die Tagesordnung. Bereits am Anfang einer Diskussion verlieren die Teilnehmer den roten Faden und wissen nicht mehr, wo die Diskussion eigentlich steht und wohin sie führen soll. Niemand hält einzelne Diskussionsbeiträge fest, damit alle Teilnehmer die Beiträge mit einem Blick erfassen und sich orientieren können. Und niemand notiert die Beschlüsse so, dass man sie hinterher nachvollziehen und für ein Protokoll aufbereiten kann.

Schlecht geführte Besprechungen verursachen hohe Kosten und bringen keinen Gewinn.

Besprechungs-Notstand

Viele Menschen quer durch alle Hierarchieebenen wollen sich nicht mehr mit dieser ineffizienten Kommunikation abfinden. Der Druck wächst. Sie müssen mit ihrer Zeit haushalten, ihre Arbeit sinnvoll managen und ihre Kraft einteilen. Zugleich erfordert ihre Tätigkeit, dass sie sich mit Kollegen abstimmen, aktuelle Informationen einholen, Probleme diskutieren und gemeinsam Lösungen finden. Ohne Besprechungen, scheint es, geht es nicht. Und mit Besprechungen, wie die meisten sie täglich erleben, scheint es noch viel weniger zu gehen. Es gibt genug Untersuchungen darüber, weshalb Besprechungen nicht oder nur schlecht funktionieren. Selbst renommierte Wirtschaftsmagazine und Fachblätter legen alljährlich Umfragen, Erklärungsmodelle und Lösungs-

Die Ausgangssituation

vorschläge vor. Doch wo liegt der Wert? Weshalb, bitteschön, scheitern eigentlich Besprechungen, wenn sie anerkanntermaßen ein so wichtiger Marktplatz für Informationen sind? Weshalb misslingt es Arbeitsgruppen, Projektteams, Abteilungen und Vorständen, auf einer Besprechung zu handfesten Ergebnissen zu kommen und danach ihre Beschlüsse umzusetzen?

Den Hauptgrund gibt es nicht. Ein ganzes Bündel von Ursachen spielt eine Rolle, wenn Besprechungen verunglücken. Beim näheren Hinsehen haben alle Ursachen und Besprechungsfehler eines gemeinsam: In ineffizient geführten Besprechungen können sachliche Informationen nicht fließen. Der eine Teilnehmer hält seine Meinung zurück. Ein anderer verschweigt wichtige Fakten, wieder ein anderer stellt sich innerlich „stur" gegenüber verordneten Maßnahmen oder wagt keine Fragen zu stellen, Vorschläge zu machen und Ideen kund zu tun. Auf Besprechungen wird nicht zu wenig geredet (meistens sogar zuviel). Es wird zu wenig Gehaltvolles gesagt, aufgegriffen, diskutiert und gemeinsam entschieden.

Es gibt keine Hauptursache für schlechte Besprechungen, aber Möglichkeiten zur Verbesserung.

Die Folge: Die Mitarbeiter arbeiten aneinander vorbei. Sie machen Wichtiges (Fakten, von denen alle wissen sollten) in kleinen Cliquen aus. Ein beschlossener Maßnahmenkatalog bleibt liegen, weil nicht alle hinter den Beschlüssen stehen. Ineffizient geführte Besprechungen wirken sich auf die Produktivität eines Unternehmens aus. Zeit, Geld und Ressourcen werden nicht nur während des Meetings verschwendet, sondern auch nach der Besprechung.

Es macht keinen Sinn, einen „Schuldigen" für misslungene Besprechungen auszuspähen. Das hieße, den schwarzen Peter reihum weiterzugeben – an den autoritären Vorgesetzten, an den quertreibenden Kollegen X oder an die leger geleitete Abteilung Y und von dort wieder an den Vorgesetzten.

Kapitel 1

Das Phänomen „misslungene Besprechung" ist heute ausreichend erforscht. Mitunter braucht man dafür keine Untersuchungen. Es reicht aus, die Beteiligten danach zu fragen, was sie an Besprechungen am meisten stört.

Eine simpler erster Lösungsansatz: Wenn Sie an Ihrer Besprechungskultur ernst**Fragen Sie sich, was Sie am meisten an Besprechungen stört!** haft etwas ändern wollen, können Sie aus typischen Besprechungsfehlern bereits einiges lernen. Sie werden sehen, dass viele Meetings nicht an ihren Themen oder an ihrer Tagesordnung scheitern, sondern an mangelnder Organisation, an persönlichen Problemen der Teilnehmer oder am Management.

Typische Besprechungsfehler

„Grabenkriege" in der Besprechungsrunde

Auf der Verkäuferbesprechung eines Hamburger Grossisten für Drogeriebedarf blitzt es. Statt die Strategie für das nächste Quartal zu beschließen, hagelt es seit einer halben Stunde Vorwürfe, perfide Ironien und Schuldzuweisungen. Wenn Teilnehmer sich persönlich angreifen und überzogene Argumente („Die ganze Abteilung pennt doch!") ins Gespräch kommen – dann kann sich nach dem Meeting nichts bewegen. Kontrovers geführte Diskussionen mögen fruchten, nicht aber unsachliches Gezanke. Gewiss, jedem Menschen kann einmal der Kragen platzen. Doch gehört

Konstruktive Sachlichkeit statt der Schlagabtausch zur Tagesordnung jeder
unkonstruktiver Emotionen. Besprechung, maskiert der aggressive Ton häufig Unsicherheiten und Ängste der Teilnehmer. Gerade in Unternehmen, in denen permanent „Jagd auf den Schuldigen" gemacht wird, herrschen Emotionalität und Unsachlichkeit auf Besprechungen vor.

Das „Ach-da-fällt-mir-noch-was-ein"-Syndrom

Man kommt vom „Hölzchen auf's Stöckchen". Jeder hat zu allem Möglichen etwas zu sagen, nur nicht zum Thema. Schnell verliert sich die Diskussion in Details, in Nebensächlichkeiten, in Banalitäten. Und das eigentliche Thema setzen

Die Ausgangssituation

die Teilnehmer wieder auf die Tagesordnung der nächsten Sitzung. Kein Wunder: Wer schlecht auf das Meeting vorbereitet ist, kein Besprechungsziel vor Augen hat oder keine Prioritäten setzt, wird leicht in den Niederungen der Nebensächlichkeiten landen. Harmlos, aber ineffektiv.

Das Thema muss in den Mittelpunkt.

Der resignierte Mitarbeiter

„Wenn Besprechungen ohnehin nichts bringen – weshalb soll ich mich vorbereiten, vorab Informationen sammeln, Unterlagen lesen oder pünktlich Aufgaben erledigen?" Typisch: Besprechungsteilnehmer sind um keine Ausrede verlegen, wenn sie die Besprechung nicht ernst genommen haben und schlecht vorbereitet sind. Die Ursache: Entweder haben sie keine Zeit gehabt (was sehr gut möglich ist), die Aufgabe unterschätzt (was auch gut möglich ist) – oder sie sind schlichtweg bequem und faul. Bevor Sie dies aber Ihren Mitarbeitern unterstellen, sollten Sie prüfen, ob sie wirklich Gelegenheit hatten, sich auf das Meeting vorzubereiten, und ob sie richtig eingeschätzt haben, wie wichtig ihre Vorarbeiten für den Besprechungserfolg sind.

Unmotivation beeinflusst von vorneherein Beprechungen negativ.

Das „Zuviel-des-Guten"-Syndrom

Ein Mitarbeiter hat zu jedem Thema etwas zu sagen. Engagiert meldet er sich zu jedem Stichwort, redet im Übermaß – bis allen klar wird: Ihm geht es nicht um die Sache. Ihm geht es allein darum, gehört zu werden. Er möchte im Mittelpunkt stehen, doch mit seinem Übereifer und seiner Profilierungssucht hemmt er den Informationsfluss. Auch möglich: Er hat das Gefühl, dass ihn seine Kollegen nicht akzeptieren.

Profilierungswunsch Einzelner darf nicht dominieren.

Das „Zwei-Drittel"-Prinzip

Zu Beginn des Meetings fehlen sechs der neun eingeladenen Teilnehmer. Der eine Mitarbeiter hat ein Kundengespräch. Ein zweiter ist noch nicht im Hause. Ein dritter sitzt mit seiner Kollegin in der Cafeteria, ein vierter sucht den fünften

Kapitel 1

und der sechste ist wieder gegangen, weil sich der Start der Besprechung sowieso eine halbe Stunde verzögern wird. Mangelnde Disziplin zählt zu den hartnäckigsten Besprechungsfehlern. Teilnehmer kommen zu spät, gehen zu früh, vergessen das Meeting ganz oder unterbrechen die Sitzung immer wieder, weil sie „eben noch etwas Dringendes erledigen müssen". Die Ursachen: Häufig schätzen sie die Bedeutung der Besprechung falsch ein, manchmal fehlt es ihnen an Verantwortungsbewusstsein für sich und andere.

Wenn Teilnehmern die Wichtigkeit der Besprechung nicht bewusst ist, reagieren sie dementsprechend.

Der Machtmensch mit Schwächen

Das Beispiel des Wiesbadener Unternehmens, in dem sich der Vorgesetzte in den Mittelpunkt der Besprechung rückt, zeigt einen weiteren Fehler. Der „Chef" bestimmt über die Tagesordnung der Besprechung, entscheidet kraft seines Amtes in strittigen Fragen und blockiert Meinungen seiner Mitarbeiter, die seiner eigenen entgegen stehen. Folge: Der Dialog findet überhaupt nicht statt. Ursachen: Neben Unsicherheiten des Besprechungsleiters mag es sein, dass er die Kompetenz seiner Mitarbeiter unterschätzt (oder seine Verantwortung überschätzt). Ebenfalls nicht unwahrscheinlich: Seine eigene Machtbesessenheit macht ihn blind für die Tatsache, dass unter seiner Führung die meisten Besprechungen gründlich misslingen.

Aus der Besprechung wird eine Truppenbefehlung.

Versuchen Sie, aus diesen Fehlern zu lernen

Möglicherweise hat die Sammlung typischer Besprechungsfehler Ihnen Bekanntes vorgeführt, über das Sie oder Ihre Kollegen sich schon seit Jahren ärgern. Was also tun? Kurz und knapp: Moderieren Sie die Besprechung! Versuchen

Die Ausgangssituation

Sie, mit Moderation die altbekannten Besprechungsfehler nicht zu wiederholen. Damit können Sie nicht nur die Fehler vermeiden. Sie werden gleichzeitig zu besseren Ergebnissen Ihrer Besprechung kommen. Und Sie werden sehen, dass Ihre Mitarbeiter zufriedener die Besprechung verlassen und zuverlässiger die Beschlüsse umsetzen. Das einzige, was Moderation von Ihnen fordert, ist Umdenken in einigen Punkten.

Klassische Besprechungsfehler durch eine moderierte Besprechung vermeiden.

Zunächst einmal: Viele Menschen fühlen sich von Besprechungen eher „betroffen" als an ihnen beteiligt. Ihnen wird gesagt, was zu tun, zu meinen, zu erledigen und zu beschließen ist. Sie werden nicht gefragt. Sie werden konfrontiert. Sie besprechen nicht. Es wird mit ihnen besprochen. Sie fühlen sich unbeteiligt – und betroffen vielleicht auch in dem Sinne, dass sie die Besprechungskultur betroffen macht. Weil sie sich immer wieder über die schlechte, ineffiziente Besprechungskultur ärgern.

Daher: Machen Sie aus Betroffenen Beteiligte. Das ist vielleicht die wichtigste Empfehlung in diesem Buch. Die Betroffenen wollen beteiligt werden, und von Anfang an müssen sie sich an der Besprechung beteiligen können. Es reicht nicht, dass sie nur das Gefühl haben, sich zu beteiligen. Sie müssen auf die Tagesordnung Einfluss nehmen können, während der Besprechung offen ihre Meinung, ihre Vorschläge und ihre Kritik äußern und an den Ergebnissen mitwirken können.

Aus Betroffenen Beteiligte machen – statt passiver Teilnahme aktive Mitgestaltung.

Viele Erneuerungen für Ihre Besprechung mögen Ihnen bereits eingefallen sein. Solange Sie diese Konzepte den Besprechungsteilnehmern – den Betroffenen – „überstülpen" und Ihre Mitarbeiter zum Mitmachen zwingen, werden Sie kaum Erfolg haben.

Kapitel 1

Schaffen Sie den Rahmen dafür, dass Ihre Mitarbeiter sich freiwillig und selbstbestimmt beteiligen.
Was für ein Rahmen? Wenn Menschen zusammenkommen, gehen sie nach gewissen Regeln miteinander um. So ist es notwendig, dass sie einer Besprechung Spielregeln geben. Das erscheint vielen wie ein schlechter Scherz oder wie eine Revolution. Doch Spielregeln sind wichtig. Sie binden alle Teilnehmer (inklusive Besprechungsleiter) an einen gewissen Modus des Zusammenarbeitens. Sie setzen dem Chaos Grenzen und helfen zugleich, jedem den nötigen Freiraum zur Beteiligung zu schaffen. Spielregeln können sein: Jeder ist dafür mitverantwortlich, dass die Ziele der Besprechung erreicht werden. Die Mitarbeiter unterdrücken keinen Konflikt, sondern machen ihn zum Thema und klären ihn. (Das sind nur zwei Beispiele für Spielregeln. Mehr dazu lesen Sie im dritten Kapitel.)

Spielregeln bilden den Besprechungs-„Zaun".

Denken Sie daran: Aus Betroffenen Beteiligte machen. Die Besprechungsgruppe wird sich also selbst Spielregeln geben – was Sie aber nicht daran hindern sollte, Spielregeln vorzuschlagen und zur Diskussion zu stellen.
Nur eines: Verordnen Sie die Spielregeln nicht, selbst wenn Sie meinen, diese Regeln seien vernünftig und förderlich.

Was können Sie noch tun, um Besprechungen zum Erfolg zu verhelfen? In den nächsten Kapiteln werden Sie Punkt für Punkt den Ablauf einer moderierten Besprechung mit allen wichtigen Arbeitstechniken kennenlernen. Versuchen Sie, für Ihre Besprechungen neue Konzepte zu entwerfen. Vielleicht müssen Sie das Management Ihrer Besprechung ändern, die Organisation anders gestalten und die Nachbereitung überdenken. Es lohnt: Mit der Moderation haben Sie reelle Chancen, die typischen Fehler zu vermeiden und frischen Wind in das „vermuffte" Besprechungsklima zu bringen.

2. Was wir alles Besprechung nennen ...

Das weite Feld der Besprechungen
Wer sich eine „Besprechung" im Terminkalender notiert, meint nicht immer gleich eine Besprechung im strengen Sinne. Sitzungen, Konferenzen oder Meetings von Arbeitsteams – unter dem Begriff Besprechung wird vieles gefasst. Es lohnt sich, bei dieser offenen Definition zu bleiben, so, wie es allgemein bekannt ist. Mindestens zwei Personen kommen zusammen, um einen oder mehrere Sachverhalte zu erörtern. Besprechungen finden statt auf allen hierarchischen Ebenen und zwischen unterschiedlichen hierarchischen Ebenen. Auf Themen oder Teilnehmer bezogen, hat freilich jede Besprechung ihren eigenen Charakter und ihre eigene Aufgabe.

Präsentation
Ein Vertrieb für elektronische Computerbauteile bittet seine Verkäufer in den Konferenzsaal, um neue, leistungsfähige Produkte vorzustellen. Der Vertriebsmanager trägt die Neuigkeiten und wesentliche Fakten vor. Er beantwortet Fragen und reicht anschließend einen Stapel mit Produktbeschreibungen herum.

Diese Besprechung soll ein neues Produkt (oder generell: neue, für alle Mitarbeiter wichtige Fakten) präsentieren. Ziel der Präsentation ist, dass alle Teilnehmer über den gleichen Kenntnisstand verfügen und künftig das Wissen für ihren Arbeitsalltag nutzen können.

Der Präsentator verfügt über einen roten Faden, der Irrtümer und Verzettelungen ausschaltet.

Projektbesprechung
Das Projektteam einer Werbeagentur trifft sich, um ein eiliges Projekt zu planen, Maßnahmenkataloge zu entwickeln, gemeinsam wesentliche Arbeitsschritte festzulegen und Aufgaben zu verteilen. Sie fixieren Liefertermine und stimmen sich darin ab, welche anderen, weniger dringenden Arbeiten sie zurückstellen können. Ergebnis ist eine genaue Ablauforganisaion des Projektes.

Kapitel 2

In der Projektbesprechung werden Aufgaben verteilt und koordiniert. Jeder weiß, welcher Kollege gerade mit welcher Teilaufgabe beschäftigt ist.

Problemlösungsbesprechung

Die Finanzabteilung eines Geldinstituts kommt zu einer Sitzung zusammen. In den letzten Wochen hat es Probleme und Fehler gegeben, die sich nicht wiederholen dürfen. Zusammen versuchen sie, das Problem zu lösen und Pannen für die Zukunft auszuschließen.

Zugegeben, Problemlösungs-Besprechungen zählen zu den unbeliebten Besprechungen – dann nämlich, wenn es um die Probleme in der eigenen Abteilung geht. Knifflig wird es, wenn die Teilnehmer nach Schuldigen suchen, statt Wege zu finden, wie sie eine Schwierigkeit gemeinsam bewältigen können. Indes, nicht immer geht es auf Problemlösungs-Besprechungen um interne Schwierigkeiten oder muss gar „schmutzige Wäsche gewaschen" werden. Probleme können auch Kunden, Lieferanten, eigene oder fremde Produkte, neue Marktentwicklungen, Mitbewerber oder unverschuldete Reklamationen machen.

Problemlösungsbesprechungen sind erfolgreich, wenn es gelingt, distanziert an eigene Probleme herangeführt zu werden.

Brainstorming-Sitzung

Ein Team aus der Entwicklungsabteilung eines Software-Spezialisten soll ein neues Archivierungssystem entwickeln. Auf ihrer ersten Projektbesprechung suchen die Programmierer gemeinsam Lösungswege und Strategien, um das Projekt technisch in den Griff zu bekommen. Eine typische Brainstorming-Sitzung. Das Team soll Ideen zusammentragen und gemeinsam Strategien entwickeln.

Wer Brainstormings richtig leitet, wird auf eine Goldader von guten Ideen und wichtigen Argumenten stoßen. Vorteil: Gemeinsam können die Teilnehmer – Schritt für Schritt – Vorschläge machen und danach erwägen, welche Ideen sinnvoll sind und sich umsetzen lassen.

Was wir alles Besprechung nennen ...

Beratung
Die Mitglieder des Qualitätszirkels einer Hotelkette besprechen und werten ihre Arbeitsergebnisse. Sie beraten über die Mängel, die sie aufgedeckt haben und über Wege, die Qualität des Hotels zu verbessern.

Genau diese „Beratung" verstehen viele Menschen unter dem Begriff Besprechung: Teilnehmer äußern ihre Meinung, bewerten Fakten, diskutieren und kommen mehr oder minder einhellig zu einem Ergebnis. Beratungen helfen, möglichst viele Gesichtspunkte zusammenzutragen und sie zu bewerten.

Beratung ist die gruppendynamische Besprechung.

Keine Frage: Unter den Begriff „Besprechung" fällt ein buntes Sammelsurium von Zusammenkünften mit sehr unterschiedlichen Zielen. Dennoch, alle Besprechungen haben ein gemeinsames Muster, und die Moderation hilft, dieses Muster grundlegend zu verbessern.

„Wir laden Sie herzlichst ein, um Folgendes zu besprechen ..."

Ein Einladender legt fest, welche Themen zu besprechen sind. Logisch! Einer muss die Initiative ergreifen, die Besprechung ansetzen und erklären, weshalb er zu einer Besprechung einlädt. Auf den ersten Blick scheint es so, dass an diesem Verfahren wenig zu ändern ist. Doch bitte erinnern Sie sich: Betroffene Teilnehmer zu Beteiligten machen.

Möglicherweise möchte ein Teilnehmer ein Thema vorschlagen, das ihm unter den Nägeln brennt. Jemand möchte die Prioritäten anders setzen oder einen Kollegen zusätzlich einladen – auch das ist möglich. Das erste Prinzip einer moderierten Besprechung: Teilnehmer nehmen Einfluss auf die Themenstellung und die Tagesordnung. Das kann bereits bei der Vorbereitung oder während des Meetings geschehen. Aufgabe des Einladenden ist es, Teilnehmern von Anfang an dazu ausreichend Gelegenheit zu geben.

Bereits die Einladung muss zeigen, dass die Teilnehmer die Besprechung mitgestalten.

Kapitel 2

„Äh, wo sind wir dran …?"

Der eine sagt etwas, der andere antwortet, ein dritter wirft etwas ein und ein vierter gibt seinen Kommentar dazu. Ob die anderen Ihre Meinung und Ideen auch verstanden, erfasst und behalten haben, steht auf einem anderen Blatt. Nicht selten verlieren die Besprechungsteilnehmer den roten Faden. Was hat der Kollege Fruber noch gesagt? Was meinte vorhin Frau Melchhof genau? Alle Wortbeiträge präsent zu haben und in die gemeinsamen Überlegungen einzubeziehen – das gelingt nur Gedächtnisakrobaten.

In der „moderierten Besprechung" gehen Sie einen anderen Weg. Alle Kernaussagen werden restlos und sorgfältig notiert – auf Kärtchen (den Moderationskarten), an der Pinwand, auf FlipChart-Papier oder Folie für den Overhead-Projektor. Grafiken und Tabellen veranschaulichen komplizierte Sachverhalte. Auch Entscheidungen lassen Moderatoren vielfach nicht per Handzeichen, sondern auf Papier treffen. Vorteil der Visualisierung: Die Teilnehmer haben den „Status quo" der Besprechung permanent vor Augen. Später lassen sich die Beiträge zu Themenschwerpunkten zusammenfassen, optisch aufbereiten und für das Protokoll verwerten.

Vorteile der Visualisierung:
Dokumentation dient als «roter» Faden, Gedanken anderer werden nachvollzogen und man kann geistig zurückblättern in abgehandelten Gesprächsteilen.

„Was ich Ihnen mitzuteilen habe …"

Die meisten Besprechungen finden hierarchieübergreifend statt. Der Chef ist dabei, und zumeist ist er Besprechungsleiter. Haben bislang viele Vorgesetzte die Besprechung geführt, fällt ihnen jetzt die Aufgabe zu, die Besprechung zu moderieren oder sich in die Gruppe zu begeben (und einem Mitarbeiter oder externen Moderator die Leitung zu überlassen). Was für Vorgesetzte auch heißt: Den Mitarbeitern zuzuhören, ihre Ideen gelten zu lassen, ihre Meinungen zu akzeptieren – und sie aufzufordern, sich zu den Besprechungsthemen frei zu äußern.

Alle Teilnehmer sind gleichwertig, jede Meinung muss gehört und gesagt werden.

Was wir alles Besprechung nennen ...

In einer moderierten Besprechung sind die Meinungen aller Beteiligten mehr als nur gestattet oder erwünscht. Eine moderierte Besprechung setzt zwingend voraus, dass tatsächlich möglichst alle ihre Beiträge äußern. Die Wortbeiträge aller sind notwendig und wertvoll. Weshalb? Der Moderation liegt ein anderes Verständnis des Menschen „Mitarbeiter" zu Grunde. Moderatoren gehen davon aus, dass zusammenarbeitende Menschen in der Regel reif genug sind, ihre Probleme selbst zu lösen. Im Prinzip braucht es keinen „Chef" am Kopfende des Tisches, der die Besprechungsrunde steuert und für die Mitarbeiter Verantwortung trägt. Moderatoren setzen voraus, dass die Besprechungsteilnehmer für ihre Arbeit gemeinsam Mittel und Wege finden, ihre Projekte zu organisieren, Informationen auszutauschen und Probleme zu lösen.

Viele wissen mehr als ein Einzelner

Vielleicht haben Sie bereits beobachtet, dass eine Arbeitsgruppe in der Regel komplexe Aufgaben besser bewältigen kann als ein einzelner Mitarbeiter. Jeder Mensch bringt seine (Berufs-) Erfahrungen mit in die Besprechung.

Wenn Sie mit einer Aufgabe nicht vorankommen, werden Sie möglicherweise einen Kollegen fragen, der mit diesem Problem vertraut ist oder sich sogar als Experte bewiesen hat. Und selbst im Privatleben werden Sie ein Problem vielleicht mit einem Freund erörtern, um seine Meinung zu hören. Wenn es um Lernen, um Kreativität, um Problemlösung geht, dann sind wir Gruppenwesen. Genau dieses Prinzip macht sich die Moderation zunutze und schafft Bedingungen für optimale Zusammenarbeit.

Durch den Austausch verschiedener Ansichten zu einem Themenschwerpunkt finden sich kreative neue Lösungswege.

Und was ist mit dem Besprechungsleiter?

Ihm weist die Moderation eine neue Aufgabe zu. Hat er bislang als „teilnehmender Vorgesetzter" den Kurs bestimmt und für das Meeting (deshalb) auch die Verantwortung übernommen, so begleitet er jetzt als Moderator die Besprechung. Er gibt nicht mehr den Kurs vor, sondern ist für den Prozess der Moderation verantwortlich. Und seine Verantwortung, die er für das Meeting trägt? Aus Betroffenen Beteiligte machen: Die Verantwortung liegt bei der Gruppe selbst.

Das leistungsfähige Prinzip Moderation

Welche Besprechungen liegen in den nächsten zwei Wochen bei Ihnen an? Können Sie die Moderation einsetzen? Versuchen Sie es:

Sie beabsichtigen, Teilnehmer über ein Thema zu informieren.
Die Techniken für die Präsentation werden Ihnen helfen. Mit Schaubildern und Erklärungen können Sie verständlich und nachvollziehbar Informationen vermitteln. Sie ersparen sich und Ihren Mitarbeitern nach der Besprechung zeitraubende Recherchen oder Rückfragen.

Die Präsentation bringt Teilnehmer schnell und gleichwertig auf einen Stand.

Sie beabsichtigen, Probleme zu analysieren.
Die Moderationsmethode unterstützt Sie, gemeinsam Ursachen für Probleme ausfindig zu machen, sie zusammenzufassen, Lösungsansätze zu bewerten und Maßnahmen zu beschließen. Kooperativ gefasste Beschlüsse werden Ihre Mitarbeiter akzeptieren und umsetzen. Ihre Mitarbeiter kennen die Hintergründe für diese Beschlüsse und haben eigene Ideen und Meinungen beigesteuert. Sie ersparen sich den Ärger, dass sich jemand nicht an der Lösung des Problems beteiligt und damit die sorgfältig herbeigeführten Beschlüsse torpediert.

Die Moderation bezieht Menschen in Prozesse der Planung, Problemlösung und des Lernens ein.

Sie beabsichtigen, Ideen zu sammeln.
Die Moderationsmethode hilft, Ideen zusammenzutragen, zu visualisieren, einen Überblick zu geben und zu bewerten. Nun, auf einem Blatt Papier könnten Sie das vielleicht auch

alleine tun. Aber: Vor allem dann, wenn Ihre Besprechungsrunde sich aus verschiedenen Fachkräften oder Spezialisten zusammensetzt, werden die Teilnehmer die Ideen aus verschiedenen Perspektiven ergänzen und Ungenauigkeiten sofort klären. Sie ersparen sich nach dem Meeting wiederum Rückfragen („Haben Sie nicht eine Idee?" – „Meinen Sie, das kann man wirklich machen?").

Sie beabsichtigen, Entscheidungen vorzubereiten.
Der Mensch denkt nur selten in Alternativen. Zumeist denken wir nur über einen einzigen Weg nach, um ein Ziel zu erreichen. In der Besprechungsrunde werden Sie eine Vielzahl von Wegen entdecken, die Erfolg versprechenden Wege herausfiltern und zugleich sinnvolle Alternativen festlegen.

Erste Zwischenbilanz

Ein Blick zurück: Sie haben schwerwiegende Besprechungsfehler kennengelernt. Schlecht geführte Besprechungen kosten Geld, Zeit und Nerven. Das, was während der Besprechung nicht geklärt wurde, müssen die Mitarbeiter dann doch nachholen: Nachfragen stellen, in Gruppen diskutieren, beim Vorgesetzten im Nachhinein etwas absegnen lassen – die leidigen Folgen ineffizienter Besprechungskultur.

Fehlerhafte Besprechungen führen zu Verlusten und Unzufriedenheit bei den Teilnehmern und in den Unternehmen.

Sie haben – trotz der düsteren Bestandsaufnahme – hoffentlich nicht den Mut verloren, Besprechungen als wichtigen Umschlagplatz für Informationen zu nutzen. Sie haben etwas über verschiedene Besprechungstypen erfahren, den Grundgedanken der Moderation kennengelernt und schon erste allgemeine Ratschläge an die Hand bekommen, wie Sie Ihre Besprechungskultur verändern und von Fehlern befreien können.

Nehmen wir an:
…Sie ärgern sich immer wieder über die typischen Besprechungsfehler.
…Sie möchten Besprechungen künftig effizient leiten.
…Sie teilen im großen und ganzen die Sichtweise von Teamarbeit.
…Sie möchten einen neuen Weg einschlagen und wissen, wie Sie Besprechungen moderieren können.

Ein Blick voraus: Der zweite Teil dieses Buches führt Sie Schritt für Schritt in die *„Moderierte Besprechung"* ein. Und zwar nicht systematisch („Was ist eine Punktfrage?"), sondern illustriert durch den typischen Verlauf einer Besprechung. Sie werden eine Art Fahrplan kennenlernen, der allerdings über keinen Zeitplan nach dem Muster „Dafür brauchen Sie etwa zehn Minuten" verfügt. Es sind nur Stationen

Erste Zwischenbilanz

einer Besprechung angegeben. Die Zeit, die Sie von Station zu Station benötigen, hängt von Ihrem Thema ab und vor allem davon, wieviel Zeit sich die Gruppe nehmen möchte, um ein Thema zu klären.

3. Besprechungen moderieren: „Welche Themen liegen an?"

Den Termin hat sich jeder des zehnköpfigen Arbeitsteams einer Wiesbadener Werbeagentur im Terminkalender eingetragen. Aus Gewohnheit. Jeden Montagmorgen trifft sich das Team zur Besprechung.
An einem Montagmorgen im Frühling hat sich die Atmosphäre im Konferenzzimmer geändert. Die Fenster sind geöffnet. Vogelstimmen und entfernter Kinderlärm. Frische Luft. Auch die Tische sind umgestellt. Jemand hat sie neu angeordnet. Alle Teilnehmer haben sich im Blick und können einander direkt ansprechen. Auch im Blickfeld: Pinwände und FlipCharts. Es scheint, jemand hätte alles zusammengetragen, was die Agentur an Pinwänden und Charts hergibt.

Die Pinwand ist ein demokratisches Hilfsmittel; Interaktion ist Prinzip.

„Bevor wir heute morgen beginnen, möchte ich Sie nach Ihrem Befinden fragen", eröffnet Walter Gernot die Besprechung. Auf dem FlipChart hat er ein Blatt vorbereitet: Ein langer Strich mit Markierungen wie auf einer Messlatte:

„Mir geht es ausgesprochen gut."
„Mir geht es gut."
„Ich fühle mich normal."
„Ich fühle mich nicht ganz wohl."
„Ich fühle mich schlecht."

Kapitel 3

Das Stimmungsbarometer

Die Aufgabe: Jeder der zehn Besprechungsteilnehmer soll einen Klebepunkt auf dem „Stimmungsbarometer" anbringen und Auskunft über sein Befinden geben.

Das Stimmungsbarometer eignet sich sowohl zu Anfang, als Auflockerung, wie auch am Ende einer Besprechung, als Feedback für Teilnehmer und Moderator.

Etwas entgeistert zögern die Mitarbeiter, ihre Punkte aufzukleben. Walter Gernot ermutigt sie. So lange, bis sich der Erste rührt und auch die anderen Neun zur Pinwand kommen.

Walter Gernot bedankt sich bei seinen Besprechungsgästen. „Wie würden Sie aus Ihrer Sicht Ihre Stimmung heute morgen beurteilen?" Beifälliges Nicken. „Nicht schlecht." – „Eigentlich eine prima Stimmung!" Und nun? „Kommen wir zur Tagesordnung."

„Hallo, wie geht's Ihnen heute?" Die Besprechung beginnt schon, bevor überhaupt jemand ein Thema angeschnitten oder einen Beitrag geleistet hat. Die Teilnehmer begrüßen

sich, nehmen Platz, sprechen miteinander, fragen Kollegen nach persönlichen Dingen – all das hat bereits Einfluss auf das Besprechungsklima.
Sie sollten diese Einstimmung nutzen. Das Stimmungsbarometer hilft Ihnen, sich besser auf das Besprechungsklima einzustellen. Diese Einstimmung regt Ihre Mitarbeiterinnen und Mitarbeiter an, sich über ihr Befinden Gedanken zu machen. Ein weiterer wichtiger Vorteil des Stimmungsbarometers: Sie zeigen, dass Sie sich für Ihre Mitarbeiter interessieren, dass Sie sie nicht nur als Personen ernst nehmen. Damit bestimmen Sie von Anfang an das Besprechungsklima und bereiten eine angenehme, konstruktive Arbeitsatmosphäre vor.

Die Spielregeln

Was soll heute besprochen werden? Bislang hat Walter Gernot zu Beginn des Meetings „seine" Tagesordnung knapp verkündet. Auch mit dieser Regel hat er diesmal gebrochen. „Bevor wir beginnen, möchte ich Sie um Spielregeln bitten", erklärt er. Bitte was? Spielregeln? „Wie sollen wir miteinander umgehen und die Besprechung gestalten?" hakt er nach.

Durch die Anwendung von Spielregeln wird Mitverantwortung in die Tat umgesetzt.

Schweigen. Montagmorgen, und dann so etwas ...
Walter Gernot holt eine Pinwand aus der Ecke. Acht Punkte hat er als Spielregeln notiert:

- *Jeder ist für die Zielerreichung mitverantwortlich.*
- *Alle Aussagen werden für alle sichtbar visualisiert.*
- *Konflikte und gegensätzliche Meinungen werden nicht verheimlicht, sondern gekennzeichnet.*
- *Auch Zustimmung und besondere Begeisterung werden gekennzeichnet.*
- *Ziele gemeinsam zu erreichen, hat vor allem anderen Vorrang.*
- *Konflikte werden thematisiert und besprochen.*
- *Jeder sorgt für Ordnung.*
- *Wie wollen wir mit Verstößen gegen diese Spielregeln umgehen?*

Kapitel 3

„Was meinen Sie zu den Spielregeln?" fragt Walter Gernot.
Abermals Schweigen in der Runde.
„Habe ich etwas bei meinem Vorschlag vergessen? Haben Sie etwas zu ergänzen?"
„Was ist mit dem Rauchen?" fragt jemand. Die alte Diskussion: Die Raucherfraktion tritt gegen die Nichtraucherfraktion an. „Kippe aus!" gegen „Fenster auf!"
„Ihre Vorschläge, bitte!"
„Wir sollten das Rauchen nicht gestatten", meint eine Mitarbeiterin.
Protest in der Raucherfraktion. Walter Gernot nimmt eine Pappkarte, notiert „Rauchen untersagen" und heftet sie an die Pinnwand. „Weitere Vorschläge?"
Die Raucher wehren sich: „Das können wir nicht machen. Rauchen erlauben und Fenster öffnen."
Walter Gernot notiert auf einer zweiten Moderationskarte: „Rauchen erlauben und Fenster öffnen."
„Weitere Vorschläge?" fragt er.
„Nicht rauchen und dafür mehr Pausen für eine Zigarette."
Auch das notiert er.
„Ach, das ist mir eigentlich egal", meint ein Mitarbeiter. Walter Gernot notiert. Der Mitarbeiter wendet ein: „Das war eigentlich nicht für die Tafel gedacht …!"

Alle Beiträge zählen, auch „egal" ist eine Meinung.

Walter Gernot erklärt: „Ich möchte, dass wir alle Aussagen notieren und ich meine, wir sollten Ihre Meinung ernst nehmen."
Vier Moderationskarten hängen nebeneinander an der Pinnwand. Walter Gernot gibt seinen Mitarbeitern je einen Klebepunkt und bittet sie, an der Pinnwand mit diesem Punkt ihre Meinung zu äußern. Die Aussage, mit der sie sich anfreunden können, sollen sie mit einem Punkt kennzeichnen.
Das Endergebnis: „Rauchen erlauben" 2 Punkte, „Rauchen verbieten" 3 Punkte, „Raucherpausen machen" 4 Punkte und „egal" 1 Punkt. – Einer der Raucher meldet sich zu Wort: „Also, wenn wir Raucherpausen machen, damit kann ich gut leben. Was ist mit Ihnen?" Der andere Raucher antwortet

Besprechungen moderieren

zögernd: „Ja, ich auch." „Können wir uns also auf diese Regel einigen?" fragt Walter Gernot und zeigt auf die Raucherpausen-Karte mit den 4 Klebepunkten. Nicken in der Runde. Walter Gernot trägt den Punkt „Nicht rauchen und Pausen machen" auf der Liste mit Spielregeln nach. „Möchten Sie die Spielregeln um weitere Punkte ergänzen?"
Keine Meldung. Die Gruppe ist einverstanden. Walter Gernot braucht niemanden zu ermahnen, sich an die Spielregeln zu halten. Die Teilnehmer halten sich freiwillig an ihre „Verfassung". Um jedoch mit Verstößen umgehen zu können, erklärt Walter Gernot den Einsatz der grünen Karte. „Hält sich ein Teilnehmer nicht an die vereinbarten Spielregeln, so halten Sie die grüne Karte in die Runde, um zu demonstrieren, dass Sie vorwärts kommen wollen."

Legen Sie gemeinsam Spielregeln fest

Überall dort, wo Menschen zusammentreffen, leben sie nach Spielregeln. Und zu den Regeln einer moderierten Besprechung gehört es, dass die Teilnehmer selbst über diese Spielregeln bestimmen.

Vor einer Besprechung sollten Sie die Teilnehmer also Spielregeln entwerfen lassen. Sammeln Sie Vorschläge, notieren Sie jeden (!) der Vorschläge auf Moderationskarten und heften Sie die Karten an die Pinwand. Der Einfachheit halber können Sie Spielregeln vorgefertigt auf FlipChart-Papier mitbringen. Vergessen Sie aber nicht, die Teilnehmer über die vorbereitete Liste beraten und sie ergänzen zu lassen. Danach beschließen die Teilnehmer die Regeln. Denken Sie bitte daran, dass auch die augenscheinliche „Vernünftigkeit" Ihrer Idee nicht zwingend ist, solange die Gruppe nicht eingewilligt hat.

Wenn Teilnehmer die Spielregeln mitbestimmen, halten sie sich auch daran.

Ein weiterer wichtiger Schritt zur moderierten Besprechung: Bevor Sie überhaupt Spielregeln festlegen, sollten sich Ihre Besprechungsgäste kennen lernen. Lassen Sie neue Gäste sich selbst

Eine Teilnehmerliste ermöglicht das Kennenlernen gegenseitiger Interessen.

Kapitel 3

vorstellen. Tragen zusätzlich alle ein Namensschild am Revers, ersparen Sie Ihren Teilnehmern peinliche Situationen – wenn sie nämlich andere nicht mit Namen ansprechen können und etwas wie „Der Herr mit der grünen Weste da hinten" stammeln.

Besser noch: Versuchen Sie, mit einer Teilnehmerliste Ihre Gäste einander vorstellen zu lassen. In der ersten Spalte tragen Ihre Gäste Vornamen und Namen ein, in einer zweiten Spalte ihre Erwartungen und in einer dritten Spalte das, was sie sich persönlich nicht bei einer Besprechung wünschen.

Nehmen wir an, das Team der Wiesbadener Werbeagentur würde erstmals zusammensitzen. Die Liste sähe (möglicherweise) so aus:

Vorname, Name	Ich erwarte	Hier sollte auf keinen Fall
Sabine Kopf	Alle machen mit!	Jemand gestört werden
Peter Rudolphus	Vorschläge	Schlechtes Arbeitsklima
Carsten Schmock	Klatschige Information	Fragen übergangen werden
Marcus Bernstein	Klare Prioritäten	??
Ralf Schöner	Klare Verhältnisse	Entscheidungen vertagt werden
Iris Tisch	Entspanntes Arbeiten	Alle zugleich reden
Oliver Hartenstein	Klare Prioritäten	Keine Entscheidungen aufschieben
Ruth Ballhaus	Jeder sagt seine Meinung	Selbstdarstellung

„Ich habe Ihnen am letzten Dienstag eine Einladung ins Fach gelegt. Ist sie bei Ihnen angekommen?"

Walter Gernot hält sein Einladungsschreiben hoch.

Die Einladung gibt der Besprechung bereits eine Struktur, sie weist den Weg.

„Wir haben zwei Punkte vom letzten Montag auf heute vertagt", fährt er fort, „diese Punkte müssen wir heute klären." Er dreht eine Pinwand herum und alle blicken auf eine vorbereitete Themenliste.

Besprechungen moderieren

„Diese beiden Themen habe ich hier eingetragen. Sie sind identisch mit denen in Ihrem Einladungsschreiben."
Als Erstes: Bei einem wichtigen Kunden hat der Werbeleiter gewechselt. Nun möchte er – trotz aller Verträge und fortgeschrittener Vorbereitungen – die Werbestrategie ändern: Wie weit kann man ihm entgegenkommen?
Zweitens: Einen wichtigen Plakatentwurf haben die Grafiker zu spät eingereicht. Der Auftrag ging verloren. Was kann man besser machen? „Ich suche keinen Schuldigen. Ich möchte mit Ihnen nur überlegen, wie wir sicherstellen, dass so etwas nicht noch einmal passiert. – Haben Sie dazu noch Fragen?"
Keine Fragen. Die Mitarbeiter begreifen, dass Walter Gernot die Besprechung anders gestalten möchte. Heute zumindest. In der ersten halben Stunde hat sich ein konzentriertes, doch entspanntes Arbeitsklima entwickelt. Einige Herren haben Ihren Krawattenknoten gelockert. Keiner schaut gelangweilt aus dem Fenster oder blättert in Unterlagen, die nicht zur Sache gehören.

„Welche weiteren Themen möchten Sie heute besprechen?" fragt Walter Gernot.
Vorschläge für zusätzliche Themen kommen schnell. Für eine Werbeaktion liegen die Fotos noch nicht vor. Das Angebot des Fotografen aus München sprengt den Etat. Ein Grafiker möchte darüber sprechen, dass er sich mit den Textern über die Textlänge für eine Broschüre nicht einigen kann. Und die Urlaubsregelung ist, mit Verlaub, alles andere als „geregelt". Eine Mitarbeiterin hat im letzten Jahr ihren Urlaub verfallen lassen müssen.
Walter Gernot notiert die Vorschläge direkt auf der Pinwand und ergänzt die vorbereitete Themenliste. Als ein Texter sich gegen die Vorwürfe der Grafiker wehrt („Das sollten wir unter uns ausmachen!!"), bittet Gernot ihn, Wortmeldungen noch nicht zu kommentieren. „Das klären wir später. Wir stimmen erst über die Tagesordnung ab und setzen Prioritäten."

Teilnehmer nehmen Einfluss auf die Tagesordnung, indem sie zusätzliche Themen vorschlagen und Prioritäten setzen.

Kapitel 3

Die fünf zusätzlichen Themen, die Walter Gernot auf der Liste notiert hat, drohen die Tagesordnung zu sprengen. „Wir schaffen heute bestenfalls drei", meint er, „wir müssen Prioritäten setzen." Die Themen, die die Teilnehmer am letzten Montag verschoben haben, drängen – Priorität A. „Über die restlichen drei müssen wir entscheiden." Er gibt jedem Teilnehmer drei Klebepunkte, und wie bei der Frage über das Rauchen, entscheidet die Gruppe mit Klebepunkten, allerdings jetzt mit der „Mehrpunktfrage".

Auf den Punkt gebracht

Punktfragen helfen, Meinungen zu erfragen und Entscheidungen zu treffen. Mit dieser Technik erfahren Sie (und erfahren auch Ihre Besprechungsgäste), wie die Gruppe über eine Frage denkt. Geben Sie Ihren Besprechungsteilnehmern Klebepunkte und bitten Sie sie an die Pinwand. Die Teilnehmer kleben ihre Punkte auf die Aussage, die sie befürworten, teilen oder unterstützen. In Listen halten Sie eine Spalte frei; sie ist für die Punktbewertung reserviert.

Themen	Bewertung	Priorität
Änderung der Werbestrategie	X	
Pünktlichkeit in der Angebotserstellung		
Fotos für die Werbeaktion fehlen	...	
Streit zwischen Text und Grafik	.....	
Urlaubsregelung	....	

Entscheiden lassen können Sie über *vorbereitete Fragen* oder über Fragen, die sich aus der Situation ergeben. Beispielswei-

Besprechungen moderieren

se die Frage, wie die Gruppe mit dem Rauchen umgehen will, hat Walter Gernot als Einpunktfrage elegant gelöst. Auf die formulierte Frage ließ er sich Antworten zurufen und notierte alle Antworten auf Moderationskarten. Jeder Teilnehmer bekam einen Klebepunkt und drückte damit seine Meinung aus. Bei den Themen auf der Liste wendet er jetzt die Mehrpunktfrage-Technik an und geht von einer einfachen Formel aus: Er zählt die Themen durch (die vorbereiteten und auch die zugerufenen). Er dividiert die Anzahl durch zwei, um die Zahl der Klebepunkte zu ermitteln, die er zu verteilen hat. *Also die Formel: Anzahl der Antworten/Themen durch zwei gleich Anzahl der Klebepunkte pro Teilnehmer.*

Punkt-Limit

Setzen Sie sich zehn Punkte pro Kopf als Limit. Zehn Punkte ist die Obergrenze. Bei einer Liste von vierzig Themen müssten Sie jedem Teilnehmer zwanzig Punkte geben - eine Zumutung für die Teilnehmer und für denjenigen, der die Punkte auszählt. Auch sollten Sie vermeiden, dass ein Teilnehmer alle Punkte auf ein einziges Thema klebt. Damit könnte er alleine die Frage entscheiden und das Gleichgewicht aus dem Lot bringen. Mit der Regel, dass zwei Punkte je Thema erlaubt sind, haben Sie ein gutes Maß gefunden. Vor allem: Erklären Sie Ihren Teilnehmern diese Spielregel – oder machen Sie aus der Spielregel auf einer eigenen Karte einen „Anschlag". Notieren Sie auf einer Karte: „Je Thema maximal zwei Punkte". Dann ist die Sache für jeden klar.

Weitere Regeln für Punktfragen: Die Punkte sind alle gleichfarbig und sie werden den Teilnehmern in die Hand gegeben (Hemmschwellen).

Vorsicht, Manipulationsgefahr!

Manche Teilnehmer kleben die Punkte dorthin, wo ihr Chef seine eigenen anbringt. Sie murmeln laut vor sich hin („Das ist doch wohl der beste Vorschlag!") und beeinflussen damit auch die Meinung ihrer Kollegen, die um sie herumstehen. Der erste Punkt zieht die nachfolgenden Punkte nach. Derjenige, der den ersten Punkt klebt, scheint immer die Gruppe leicht zu beeinflussen. Ist die Person, die gerade klebt, einem anderen Mitarbeiter sympathisch, dann wird er sich dessen Meinung womöglich anschließen. Ist ihm die Person unsympathisch, ist er geneigt, mit seinem Punkt demonstrativ für einen anderen Beitrag zu votieren. Wer den Anfang macht, hat daher meist das Spiel in der Hand. Es geht mit einem Mal nicht mehr um die Antworten, sondern um Beziehungen.

Solcherlei (un-)beabsichtigte Manipulation wird das Punktvotum ein wenig lenken. Diese Gefahr werden Sie nie ganz bannen. Professionelle Moderatoren setzen die Punktfrage behutsam ein, weil sie wissen, dass sie nur auf den ersten Blick einer demokratischen Entscheidungstechnik gleicht. Ein kleiner Trick wird Ihnen helfen, die Manipulationsgefahr gering zu halten: Numerieren Sie die Beiträge auf der Pinwand. Bitten Sie Ihre Teilnehmer, sich auf den Punkten die Ziffern Ihrer Favoriten zu notieren und erst dann an die Wand zu treten, um die Punkte anzubringen. Wer vorher weiß, wohin er seinen Punkt kleben möchte, wird sich nicht so leicht umstimmen lassen.

Beinflussung kann vermieden werden, indem Teilnehmer vorab notieren, wo der Punkt hin soll.

Eine gute Frage ist die halbe Antwort

Stimmt! Je mehr es Ihnen gelingt, mit Fragen Ihre Teilnehmer zum Nachdenken und zum Mitreden zu bewegen, desto besser ist Ihre Frage. Lösen Sie also mit geschickten Fragen Diskussionen aus. Fordern Sie Meinungen und Ansichten heraus. Überlegen Sie sich genau, wie Sie Fragen stellen. Die Fragen müssen Ihre Besprechungsteilnehmer sofort verstehen, das liegt auf der Hand. Mehr noch: Fragen, die als Antwort nur „Ja" oder „Nein" erlauben, helfen Ihnen nicht weiter, die Gruppe zu Wortmeldungen zu stimulieren. Fragen Sie nicht „Wollen Sie dies .. (oder das ..)?" Fragen Sie: „Was möchten Sie?" Stellen Sie offene Fragen. Offene Fragen beginnen

Die klassischen W-Fragen (Wer, Wann, Wo etc) werden so formuliert, dass eine ausführliche Antwort folgen muss.

Besprechungen moderieren

mit Wörtern wie beispielsweise WIE, WANN, WO, WER, WODURCH, WESHALB. Auf jeden Fall verlangen solche Fragen mehr als nur ein Kopfnicken und ein dahingemurmeltes „o.k."!
Viele sind es gewohnt, nur nach Fakten zu fragen. Sicherlich, Informationen sind wichtig: „Was steht an Projekten an?" – „Was kostet bei uns das Armaturenbrett?". Aber Meinungen, Erfahrungen, Ansichten oder Ideen sind auch wichtige, „erfragenswerte" Informationen. Fragen Sie so, dass Sie möglichst eine Vielfalt von Informationen erhalten und sich ein Bild über die Meinung und Stimmung Ihrer Mitarbeiter machen können.

Stellen nicht nur Sie Fragen
Bitten Sie Ihre Gruppe, selbst Fragen in den Raum zu stellen, Probleme in Fragen zu formulieren oder Aufgaben mit einem „Wie können wir …?" auszudrücken. Stichwort Rauchen: Meldet sich ein Teilnehmer mit diesem Problem zu Wort, kann er auch direkt die Frage formulieren: „Wie wollen wir hier mit dem Thema 'Rauchen' umgehen?" Notieren Sie als Moderator die Frage auf einen Schlips (länglicher Papierstreifen), bringen Sie ihn für alle sichtbar an der Pinnwand an und schreiben Sie Antworten und Vorschläge auf Moderationskarten, die Sie unter der Frage befestigen.

Auch die Teilnehmer müssen Fragen stellen.

Antworten er-fragen
Antworten auf Fragen sind der Rohstoff einer moderierten Besprechung. Sammeln Sie Antworten. Schreiben Sie jede Antwort auf, ohne den Beitrag als „richtig" oder „falsch", „gut" oder „schlecht" zu bewerten. Kurzum: Jeder Beitrag ist wichtig – egal, wer ihn äußert, egal, ob er Ihnen oder sonst jemandem ins Konzept passt. Nehmen Sie eine Karte, notieren Sie unaufgefordert den Beitrag und heften Sie ihn zu den anderen Antworten unter der Frage. Visualisieren heißt, dass jeder nachvollziehbare Schritt einer Besprechung auf Pinnwänden, FlipCharts oder Overheadfolien aufgezeichnet wird.

Kapitel 3

Fragen zu den Fragen

Nehmen wir an, Sie stellen eine Punktfrage. Nachdem alle ihre Punkte geklebt haben und ein Meinungsbild sichtbar wird, stellen Sie fest, dass mindestens zwei Teilnehmer die Frage missverstanden haben. Auch zu Fragen kann es Fragen geben. Vergewissern Sie sich, bevor Sie die Punkte austeilen, ob alle die im Raum stehende Frage verstanden haben.

4. Ideen „à la carte"

Die Besprechungsrunde der Wiesbadener Werbeagentur hat über ihre Tagesordnung entschieden. Zur Diskussion stehen heute der Streit zwischen Grafik und Text sowie die Urlaubsregelung. Die Entscheidung, ob der Münchner Fotograf mit unverhältnismäßig hohen Honoraren den Etat belasten darf, verschiebt die Gruppe auf den nächsten Montag.
„Sofort festhalten für den Maßnahmenkatalog!" mahnt Sabine Kopf. Walter Gernot stimmt zu: „Das sollten wir sofort tun und einen Maßnahmenkatalog anlegen." Er erstellt auf einer Liste an einer Pinwand den Maßnahmenkatalog, der von nun an die Besprechung begleitet. Jede beschlossene Maßnahme wird direkt notiert – und nicht erst am Schluss des Meetings.

Der Maßnahmenkatalog ist das Ergebnisprotokoll einer Arbeitssitzung.

Zufrieden betrachten die Mitarbeiter ihre Tagesordnung. Nicht nur, dass sie eigene Themen zur Sprache bringen und selbst (mit-)entscheiden können. Ihnen gefällt auch die Methode, mit der Walter Gernot an der Pinwand arbeitet. Schritt für Schritt verfolgen die Teilnehmer, wie ihre Tagesordnung entsteht. Nichts geschieht hinter ihrem Rücken. Diese Transparenz ist den Teilnehmern, wie sich später herausstellt, besonders wichtig. Die Zeit, die sich Walter Gernot für die Vorbereitung genommen hat, hat er gut investiert: Er bereitete Tabellen vor. Er besorgte Klebepunkte, Moderationskarten, breite Filzschreiber und Pinwandnadeln. „Für das nächste Mal organisiere ich eine Art Kamera, mit der wir unsere Ergebnisse direkt von der Pinwand für das Protokoll fotografieren können", verspricht er, „dann sehen wir später nicht nur unser Ergebnis. Wir können jeden Schritt unserer Besprechung festhalten und sehen, welche Argumente und Ideen zu unseren Beschlüssen geführt haben."

Transparenz hilft den Teilnehmer vor allem Entwicklungsprozesse zu visualisieren

Walter Gernots Vorbereitungen im Einzelnen: Er hat auf Pin-

Kapitel 4

wandpapier eine Themenliste und eine Entscheidungshilfe ausgearbeitet. Das Papier hat er in drei Spalten – eine breite und zwei schmale – unterteilt. In der ersten, breiten Spalte (Überschrift: „Themen") vermerkte er mit blauer Farbe bereits vor der Besprechung jene wichtigen Themen, die unbedingt zu besprechen und auch bereits in der Einladung angegeben sind. „An diesen Punkten führt kein Weg vorbei", erklärt er, „die müssen wir heute vom Tisch bekommen." Unter diese Themen notiert er dann die Vorschläge der Gruppe.

In der zweiten, schmalen Spalte (Überschrift: „Bewertung") bringen die Teilnehmer ihre Bewertungspunkte an, in der dritten Spalte (Überschrift: „Rang"/"Priorität") notierte Walter Gernot das Auszählungsergebnis und vermerkte die Priorität. Die „Muss"-Themen erhielten Priorität A, die beiden gewählten Themen der Gruppe – „Urlaubsregelung" sowie „Streit zwischen Text und Grafik" – bekamen die Priorität B. Die anderen Vorschläge mit weniger Punkten erhielten Prioritäten C und D. Walter Gernot: „Ich möchte, dass Sie jeden unserer Entscheidungsschritte nachvollziehen können. Wenn jemand meint, dass eine Themenüberschrift seinen Vorschlag nicht korrekt wiedergibt – sofort melden, bitte."

Themen	Bewertung	Priorität
Änderung der Werbestrategie	X	A
Pünktlichkeit in der Angebotserstellung	X	A
Fotos für die Werbeaktion fehlen	3 •••	C
Streit zwischen Text und Grafik	10 ••••••	B
Urlaubsregelung	9 ••••••	B

Ideen á la carte

Die Themenmischung

Setzen Besprechungsleiter nur ihre eigenen Themen auf die Tagesordnung, versäumen sie mitunter, Themen aufzunehmen, die einem Arbeitsteam am Herzen liegen. Folge: Arbeitsprozesse können gestört werden, weil es an notwendigen Regelungen, Beschlüssen oder Informationen fehlt. Lassen sie indes die Gruppe allein über den Besprechungsplan entscheiden, kann es sein, dass ihre Themen (Themen, aufgrund derer sie eingeladen haben) unerledigt bleiben.

Wichtig ist, dass die Gruppe Themen mitbestimmt.

Walter Gernot beginnt mit dem Einladungsthema „Einen wichtigen Plakatentwurf haben die Grafiker zu spät eingereicht". Der Auftrag ging verloren. Was ist künftig zu tun? Die Gruppe hat sich darauf geeinigt, das Thema auf der Liste unter dem Schlagwort „Terminkoordination" zu notieren.

„Ich habe Frau Ballhaus gebeten, Ihnen heute genauere Informationen zu geben. Sie kennt sich mit dem Problem am besten aus. Danach werden wir überlegen, was wir ändern können, um demnächst termingerechter arbeiten zu können."

Ruth Ballhaus: 29 Jahre alt. Seit vier Jahren in der Agentur. Eine unkomplizierte, gewissenhafte Mitarbeiterin mit einem Gespür für Organisation und Koordination. Trotzdem, seit einem halben Jahr steht sie auf verlorenem Posten und scheint mehr das Chaos zu verwalten, statt die Arbeit auf eine optimale Zeitlinie zu bringen.

„Sie wissen, dass sich kreative Arbeiten nicht auf Knopfdruck bestellen lassen", erläutert sie, „ manche Dinge verzögern sich, das ist normal. Doch in letzter Zeit haben sich die Pannen gehäuft und sicher ist, dass wir wegen versäumter Präsentationen bei Kunden wichtige Aufträge nicht an Land ziehen konnten. Und das, obwohl wir eigentlich gut vorgearbeitet haben. Das lag nicht an der Qualität unserer Arbeit, sondern daran, dass wir nicht pünktlich fertig geworden sind. Deshalb möchte ich einige Vorschläge machen, wie wir das umorganisieren …"

© 2002 managerSeminare – Edition Neuland

Kapitel 4

„Darf ich Sie unterbrechen, Frau Ballhaus?" fragt Walter Gernot.
„Ja, bitte...!"
„Vorschläge möchten wir gleich gemeinsam sammeln. Es freut mich, wenn Sie sich vorab Gedanken gemacht haben. Das zeigt, wie wichtig das Thema ist. Aber ich möchte, dass wir später gemeinsam Ideen sammeln."
„Gut, einverstanden. Also nochmals zur Sache. Ich meine, dass die Verluste durch Terminversäumnisse recht groß werden können, wenn wir uns nicht überlegen, wie wir unsere Terminarbeiten in den Griff bekommen. Ziel ist es, dass wir alle versuchen, im Großen und Ganzen unsere Aufgaben pünktlich zu erfüllen. Klar, das eine oder andere kann mal einen Tag länger dauern. Hier ist niemand ein Automat, der auf Befehl funktioniert. Auf der anderen Seite arbeiten wir alle unter unseren Möglichkeiten, wenn allein aufgrund von Terminversäumnissen spannende Projekte verlorengehen. Wir sollten versuchen, einen Mittelweg zu finden, der kreative Arbeit zulässt und uns zugleich erlaubt, den Terminrahmen sinnvoll zu erfüllen."

Alle Kernaussagen werden an der Pinwand festgehalten, weitere Informationen können von den Teilnehmern erfragt werden.

Beifälliges Nicken.
Walter Gernot hat alle Kernaussagen von Frau Ballhaus an der Pinwand notiert. „Ich denke, die Fakten kennen wir nun alle", meint Walter Gernot, „dennoch möchte ich Sie fragen, ob Sie weitere Informationen benötigen."
„Um wieviele Tage haben sich Arbeiten verzögert?"
„Meistens um fünf Tage", erklärt Ruth Ballhaus, „dadurch haben sich wieder andere Arbeiten verzögert. Das kann sich unter dem Strich auf ein, zwei Wochen summieren."
Walter Gernot schreibt: „5 Tage Verzögerung summieren sich zu 2 Wochen".
„Und wie oft kommt das vor?"
„Na, ich schätze, dass wir in zwanzig Prozent der Fälle nicht pünktlich fertig werden."
Walter Gernot blickt sie erstaunt an. „Zwanzig Prozent? So

viel?" und hält auch diese Aussage auf einer Karte fest.
Ruth Ballhaus versichert: „Bestimmt zwanzig Prozent."
„Teilen Sie alle die Ansicht?"
Etwas zerknirscht nicken die Teilnehmer. „Eher noch häufiger."
„Es sind allein organisatorische Probleme", meint Ruth Ballhaus, „ich gehe nicht davon aus, dass jemand nicht in der Lage ist, seine Aufgabe pünktlich zu erledigen."
„Okay! Jetzt möchte ich Sie um eines noch bitten, Frau Ballhaus. Wie würden Sie das Problem in eine Frage formulieren, über die wir nachdenken werden?"
Ruth Ballhaus antwortet: „Was können wir tun, um unseren Zeitplan pünktlicher zu erfüllen?"
Walter Gernot fragt in die Runde: „Wollen wir diese Frage weiterbearbeiten?" Nachdem die Gruppe zugestimmt hat, verteilt er Kommunikationskarten und Marker an die Teilnehmer. „Ich möchte, dass Sie Vorschläge auf die Karten schreiben. So viele Ideen, wie Ihnen einfallen", bittet er die Teilnehmer, „notieren Sie je Karte bitte immer nur eine Idee in einem Kurzsatz oder als Stichwort. Schreiben Sie bitte lesbar. Wenn Sie den Marker mit Daumen und Zeigefinger in den Griffmulden fassen, können Sie mit der breiten Kante schreiben. Das gibt eine gut lesbare Schrift, wenn Sie so groß schreiben." Er heftet eine vorgefertigte Musterkarte an die Pinwand. Darauf steht, für alle deutlich lesbar: „Bitte so groß schreiben". Walter Gernot: „Die Karten werde ich dann einsammeln und mit Ihnen gemeinsam an der Pinwand ordnen."

Das der Gruppe geschilderte Problem muss für die Bearbeitung als Frage formuliert werden.

Ideen à la carte

Ein simples Prinzip. Jeder Besprechungsteilnehmer erhält Moderationskarten, um seine Ideen zu notieren. Später sammelt der Moderator die Karten ein, präsentiert die Ideen der Gruppe und ordnet die Karten (im Einverständnis mit der Gruppe) an der Pinwand zu sinnvollen Themenkreisen. Karten sollten Sie nicht nur einsetzen, um Ideen und Vorschläge

Kapitel 4

zusammenzutragen. Auch Meinungen, Kritik oder Gefühle können Sie per Karte erfragen. Kurz: Es geht um alles, was dem Teilnehmer zu einer Frage einfällt. Die *Kartenfrage* ist eine Universalmethode, Beiträge zu einem Thema einzuholen.

So weit, so gut. Aber weshalb per Karten schriftlich antworten, wenn dies doch auch im Gespräch ginge? Nun, die Sache ist die: Gelegentlich fühlen sich einzelne Teilnehmer gehemmt, auf Fragen vor der Gruppe zu antworten – besonders dann, wenn es um „unausgereifte" Ideen, spontane Einfälle, persönliche Meinungen oder gar Gefühle geht. Kaum verwunderlich. In den meisten Besprechungen werden Antworten spontan kommentiert. Es reicht hin, dass der Nachbar über eine Idee den Kopf schüttelt. Schon droht Gefahr, dass der Teilnehmer seine nächste Wortmeldung für sich behält.

Moderatoren sehen in der Kartenfrage deshalb alles andere als Papierverschwendung. Dank dieser Technik beteiligen sich alle (schreibenden) Besprechungsgäste zugleich an der Diskussion. Auch im zeitökonomischen Sinn: Alle arbeiten zur gleichen Zeit. Im Gegensatz zur mündlichen Diskussion müssen sie mit ihren Beiträgen nicht abwarten, bis jemand anders ausgeredet hat oder sie „dran sind". Die Ideen fließen so lange, bis jedem Teilnehmer nichts mehr einfällt und die Ideenquelle vorerst erschöpft ist.

Bei Kartenfragen kommt nicht nur der rhetorisch Starke zu Wort, sondern alle beteiligen sich an der Ideenproduktion.

Genau das ist der zweite Vorteil der Kartenfrage. Sie nutzt effizient das Ideenpotential jedes einzelnen Gruppenmitglieds. Die Idee selbst zählt – und nicht die rhetorischen Winkelzüge Einzelner. Ganz im Gegenteil: Karten zwingen „schwatzhafte" Teilnehmer, ihre Ideen kurz zu fassen und ohne schmückendes Beiwerk auf den Punkt zu bringen.

Die Kartenfrage bildet ein Herzstück der Zusammenarbeit in einer Gruppe. Anders als bei mündlichen Diskussionen trägt ein Beitrag nicht den Namen seines Urhebers. Sicherlich, an

Ideen á la carte

der Handschrift mag man den einen oder anderen Autoren erkennen. Doch spätestens, wenn ein Dutzend Karten an der Pinwand hängen, werden die Beiträge anonym. Und das ist auch Sinn und Zweck der Kartenfrage. Denn die Ideen und die später daraus abgeleiteten Ergebnisse sind das gemeinsame Produkt der Gruppe. Der einzelne Urheber der Idee tritt zurück. Wahren Sie also diese Anonymität wie ein Postgeheimnis! Selbst dann, wenn später um Erläuterung einer Karte gebeten wird, braucht sich der Autor dieser Karte nicht zu erkennen zu geben. Das weckt die spielerische Kreativität Ihrer Besprechungsgäste und nimmt ihnen die häufig unbegründete Angst, sich bloßzustellen.

> Durch die gewahrte Anonymität werden die Ideen zum Gruppenprodukt.

Die Kartenflut eindämmen, aber nicht behindern

Möglicherweise sucht Sie eine Sintflut an Karten heim. Stellen Sie sich vor, Sie konfrontieren eine Gruppe von zwanzig Teilnehmern mit einem „Reizthema". Jeder schreibt zwischen zehn und fünfzehn Karten. Diese Kartenflut können Sie beim besten Willen nicht mehr eindämmen und in die richtigen Kanäle leiten. Selbst in solchen Situationen sollten Sie die Ideenfreude nicht durch die Zahl der verteilten Karten maßregeln. Erster „Damm" gegen die Kartenflut: Setzen Sie mit Ihrer Fragestellung Prioritäten. „Welche wichtigen Probleme sehen Sie?" Oder: „Welche wichtigen Vorschläge / ungewöhnlichen Ideen haben Sie?" Meistens begrenzt dann jeder Einzelne automatisch seine Anworten und filtert Nebensächlichkeiten aus. Zweite Möglichkeit, die Kartenflut einzudämmen: Bei einer großen Gruppe (ab 12 Mitgliedern) können Teilnehmer zu zweit Ideen suchen und notieren.

> Durch gezielt formulierte Fragen kann der Moderator die Kartenzahl begrenzen.

Der Moderator – „Herr der Karten"?

Keine Frage, als Moderator sind Sie auch bei der Kartenfrage an Spielregeln gebunden. Alle Karten – selbst die mit augenscheinlich abwegigen Vorschlägen – bleiben in der Diskussi-

Kapitel 4

Der Moderator darf keine Karten weglassen, alle zählen. Einzige Ausnahme: Beleidigende Karten nach Absprache mit der Gruppe.

on. Bevor die Gruppe nicht über die Ideensammlung entscheidet, gibt es keine Bewertungen. Sie sind also verantwortlich dafür, dass tatsächlich alle Antworten berücksichtigt werden und eine Chance zur Diskussion bekommen. Auf gar keinen Fall darf der Moderator eine Vorauswahl treffen – selbst dann nicht, wenn die Karte aus der Feder eines Scherzboldes stammt. Sie als Moderator zeichnen nicht für die Meinungen und Ideen der Gruppe verantwortlich. Dazu eine Ausnahme: Karten, die andere Teilnehmer diffamieren oder Menschen, die nicht anwesend sind, kränken, sollten Sie entfernen. Erklären Sie der Gruppe auch, weshalb Sie diese Beiträge aus der Diskussion ziehen.

Sie werden einige Aussagen mehrfach finden, vielleicht nicht vom Wortlaut, sondern von der Idee her. Der eine Teilnehmer schreibt: „Honorar erhöhen". Ein anderer vermerkt: „Mehr Geld." Trotzdem sollten Sie beide Karten berücksichtigen. Erstens zeigt das nicht mehr und nicht weniger, als dass zwei Besprechungsgäste die gleiche Idee hatten (was die anderen wissen sollten). Zweitens: Entfernen Sie eine Karte, dann fühlt sich der Urheber dieser Karte möglicherweise übergangen und „geschnitten".

Nur die Teilnehmer dürfen eigene Karten zurückziehen.

Daraus können sich in der nachfolgenden Diskussion Grüppchen-Diskussionen auf Nebenschauplätzen ergeben. Störungen sind vorprogrammiert. Das Gespräch führen die Teilnehmer nicht mehr sachlich, sondern auf der Beziehungsebene. Übrigens: Was Sie nicht dürfen, ist den Autoren allerdings gestattet – nämlich die eigene Karte zurückzurufen und sie aus der Diskussion zu holen.

Moderationskarten und Filzstift

Einigen Menschen fällt es anfangs schwer, mit Filzstiften „groß" zu schreiben, groß genug, damit auch aus drei oder vier Metern Entfernung die Karte noch zu lesen ist. Maximal drei Zeilen sollten eine Moderationskarte füllen. Bitten Sie Ihre Besprechungsgruppe, Groß- und Kleinschrift zu ver-

Ideen á la carte

wenden (und nicht in Blockbuchstaben wie im Kreuzworträtsel zu arbeiten). Schwarzer oder dunkelblauer Filzstift, notfalls auch Wachskreide, ist auch aus einigen Metern Abstand noch lesbar. Instinktiv werden viele Menschen die Spitze oder Ecke des Filzschreibers benutzen. Mit der breiteren Kante des Stiftes bekommt die Schrift allerdings mehr Struktur – gleichwohl dies vielen ungewöhnlich erscheint. Machen Sie mit Ihrer Gruppe notfalls einige Schreibübungen, bevor Sie erstmals die Kartenfrage durchführen.

Die Schrift auf den Karten muss meterweit lesbar sein.

Kapitel 4

Alternative zur Kartenfrage

Sie brauchen nicht zu jeder Frage Karten zu verteilen und die Teilnehmer schreiben zu lassen. Mit der Technik der *Zuruffrage* gehen Sie einen anderen Weg: Sie stellen der Gruppe eine (natürlich offen formulierte) Frage, und die Teilnehmer rufen Ihnen Antworten zu. Diese notieren Sie auf Karten. Im übrigen gelten die Regeln der Kartenfrage: Alle Beiträge werden beachtet, nichts wird vorsortiert. Pro Karte nur ein Beitrag.

Bei der Zuruffrage rufen die Beteiligten dem Moderator auf eine visualisierte und erläuterte Frage die Antworten zu.

Welchen Vorteil haben Sie von der Zuruffrage? Anders als bei der anonymen Kartenfrage stimulieren sich die Teilnehmer gegenseitig. Der eine hört, was der andere vorschlägt – und entwickelt daraus eine eigene Idee. Angerissene Punkte werden weitergedacht, Brainstorming-Atmosphäre kann sich entwickeln. Erfahrene Moderatoren bearbeiten mit der Zuruffrage vor allem kreative Probleme. Nachteil: In der Regel wird die Ausbeute an Ideen nicht so groß wie bei der Kartenfrage sein. Und als Moderator kommen Sie möglicherweise nicht nach, alle hervorsprudelnden Ideen auf Moderationskarten festzuhalten. Ein unbeachtet gebliebener Beitrag kann bereits als Missbilligung der Person empfunden werden und zu offenen oder versteckten Aggressionen führen. Faustregel: Je größer die Gruppe ist, desto größer ist auch die Gefahr, dass Beiträge bei Zuruffragen verlorengehen.

5. Aus Ideen Maßnahmen destillieren

Es ist weniger kompliziert, als er es zuvor erwartet hat: Walter Gernot hat sich in seine Rolle als Moderator eingefunden. Wie selbstverständlich hält er sich aus der Diskussion heraus und beobachtet fast neutral, wie seine Mitarbeiterschar allmählich beginnt, ihre Probleme selbst zu lösen. Gelassen und doch engagiert arbeitet das Team.

Die Moderation ist eine der erfolgreichsten Methoden der Arbeit in und mit Gruppen.

Zwei Wochen lang hat Walter Gernot gezweifelt, ob Moderation sich als Werkzeug für seine Besprechungen eignet. Moderierte Besprechungen, das hat er schnell erfasst, setzen der Autorität des Vorgesetzten Grenzen, und ausgesprochenen „Macher-Typen" (ein Zug, den er oftmals an sich entdeckt hatte) missbehagt dies besonders.

Nun, was zählt, sind die Ergebnisse. Auf halber Strecke seiner ersten moderierten Besprechung erkennt Walter Gernot, dass seine Mitarbeiter gut in der Lage sind, sich selbst zu managen. Sogar besser, als er gedacht hat. Sollte es der Gruppe gelingen, die gemeinsam gefassten Beschlüsse umzusetzen – mit einem größeren Erfolg könnte er eine Besprechung kaum abschließen. Er? Eigentlich beendet die Gruppe die Besprechung.

Zu den Aufgaben eines Moderators gehört es, die Art und Weise des Vorgehens zu erklären und Menschen zu motivieren, die Aufgabenstellungen selbst in die Hand zu nehmen.

Gewissermaßen hat er ihr für weite Strecken des Meetings die Zügel in die Hand gegeben. Und doch, der „Wagen rollt in der Spur".

Walter Gernot beobachtet, wie seine Mitarbeiter ihre Ideen auf Moderationskarten schreiben. Eine Karte stapelt sich auf die andere, eine Idee kommt zur anderen. Michaela Lenz, die jüngste im Team, scheint die meisten Karten zu schreiben. Er ertappt sich bei dem Wunsch, wie ein Oberlehrer während der Klassenarbeit durch das Konferenzzimmer zu gehen und jedem seiner Mitarbeiter über die Schulter zu schauen.

Kapitel 5

Oliver Hartenstein kaut am Bleistift. Jetzt steht Walter Gernot doch auf und bittet ihn, den Moderationsmarker zu benutzen. Er erinnert noch einmal alle an die bereits bekannte Regel: „Wenn wir gleich die Karten an die Pinwand heften, soll jeder Ihre Ideen sofort lesen können. Denken Sie daran, schreiben Sie bitte groß und deutlich."

Nach einer Viertelstunde legt einer nach dem anderen den Marker beiseite. Walter Gernot sammelt die Karten ein. „Ich möchte mit Ihnen die Karten jetzt an der Pinwand in eine Struktur bringen. Dazu hängen wir themenverwandte Aussagen zusammen. Die Frage ist, was wir tun können, um unseren Zeitplan pünktlich zu erfüllen."

Die erste Karte: „Mehr Zeitreserven einplanen." Die zweite Karte: „Verzögerungen früher bekannt machen." Walter Gernot hängt sie nebeneinander.

Die dritte Karte: „10 Prozent mehr Zeit einplanen als benötigt." Sabine Kopf empfiehlt, diese Karte der ersten zuzuordnen. „Beide Karten haben zum Inhalt, die Zeitreserven zu erhöhen, damit eventuell Zeit für Unvorhergesehenes übrigbleibt." Walter Gernot platziert die Karten dicht beieinander.

Aus Ideen Maßnahmen destillieren

Schließlich hängen 34 Karten an der Wand: „Einen Terminkoordinator benennen". „Wöchentlich aktuellen Terminplan für jeden." „Besserer Kontakt zu Kunden."
„Besserer Kontakt zu Kunden? Was soll das heißen?", fragt Marcus Bernstein.
Ralf Schöner meldet sich: „Das war meine Idee. Wenn wir nicht pünktlich fertig werden, sollten wir Kunden über die Verzögerung frühzeitig informieren." Der Beitrag auf einer anderen Karte: „Termin-Manager für jeden". Walter Gernot fragt: „Wo soll diese Karte hin?" Die Gruppe ist sich uneinig. Ob jeder wöchentlich eine neue, interne Terminübersicht erhält oder zum Jahresanfang einen Kalender für das eigene Management von Projekten bekommt – das sind zwei verschiedene paar Schuhe. Andere meinen, das bedeutet das Gleiche. „Fragen wir den Autor der Karte", meint Walter Gernot. Ruth Ballhaus lässt ihre Idee der ersten Karte zuordnen.

Erste Unklarheiten über Kartenaussagen kann die Gruppe direkt nach dem Sammeln besprechen.

„Wir haben die Karten gruppiert. Daraus leiten wir gleich Vorschläge für Maßnahmen ab", schlägt Walter Gernot vor. Ralf Schöner bittet um eine Raucherpause. Kollegiale Seitenhiebe: „Du rauchst doch gar nicht." „Wir haben eben vereinbart, dass wir unseren Qualmern die Pause anbieten", wendet er ein, „das sollten wir auch tun. Also los!"

Aus Beiträgen „Klumpen" bilden

Nachdem Sie Ideen gesammelt haben, werden Sie die Ideen übersichtlich ordnen (müssen). Lassen Sie die Karten von der Gruppe aufhängen, arbeiten Sie mit dem Material. Dann kristallisieren sich aus den Beiträgen Kerngedanken heraus, und es wird Ihnen hinterher nicht schwerfallen, aus diesen Kerngedanken Maßnahmen und Ergebnisse zu filtern. Versteht sich, dass Sie auch diese Schritte gemeinsam mit Ihrer Besprechungsrunde unternehmen. Moderatoren ordnen die Karten zunächst nach „Klumpen",

Durch die Sortierung gleicher oder ähnlicher Aussagen erhält die Gruppe eine Übersicht darüber, in welche Aspekte die Fragestellung aufteilbar ist.

Kapitel 5

optisch sichtbaren Themenkreisen mit inhaltlich verwandten Beiträgen. Diese Klumpen sind das Rohmaterial für die Maßnahmen und Ergebnisse, die Sie später aus den Beiträgen ableiten. Wenn Sie beispielsweise eine Karte („Mehr Honorar") einer anderen Karte („leistungsgerechte Honorierung") zuordnen, bilden Sie einen solchen Klumpen an der Pinwand.

Klumpen sollten Sie immer gemeinsam mit der Gruppe entwerfen. Im Zweifelsfall gibt der Autor Auskunft darüber, ob seine Karte in einen Klumpen passt oder ein neues Feld eröffnet. Hängen Sie die Karten, die Sie zu einem Klumpen zusammenfassen, in jedem Fall deutlich sichtbar zueinander. Bilden Sie tatsächlich „Klumpen" an der Pinwand.

Auch hier gelten wieder die Regeln, die Sie bereits kennengelernt haben: Alle Aussagen werden eingeordnet, alle Aussagen werden angesprochen. Lassen Sie sich jeden Schritt von der Gruppe bestätigen oder fragen Sie offen, „wo eine Karte hin-

Aus Ideen Maßnahmen destillieren

gehört". Wenn Sie Oberbegriffe bilden, überlegen Sie sich genau, wie Sie einen Klumpen nennen wollen. Gefährlich ist es, einen Klumpen zu oberflächlich oder pauschal zu benennen. Differenzieren Sie, schöpfen Sie den Kerngedanken aus – und lassen Sie sich für den Oberbegriff das Einverständnis der Gruppe bestätigen.

Struktur in der Vielfalt
Die Karten an der Pinwand sind geordnet, die Struktur ihrer „Ideen-Ausbeute" wird sichtbar. Ideen hängen miteinander zusammen, Unterschiede werden deutlich. Bilden Sie nun die „Quintessenz" – am besten wieder mit einer Liste auf einer Extra-Pinwand.
Erstellen Sie eine großflächige Tabelle auf Pinwandpapier. Erste (schmale) Spalte: „Nr.". Zweite (breite) Spalte: „Lösungsvorschläge". Dritte (schmale) Spalte: „Bewertung". Vierte (wiederum schmale) Spalte: „Rang". Fassen Sie die Karten eines Klumpens zu einem Lösungsvorschlag zusammen – und tragen Sie dann ein gut gewähltes Stichwort in diese Tabelle ein. Der Vorteil liegt auf der Hand: Die Lösungsvorschläge erscheinen jetzt „neutral" und lenken von den Karten ab. Die Liste, die Sie erstellen, ist ein Ergebnis der Gruppe. Es gehört allen – und nicht dem Autoren der einen oder anderen Karte.

Indem alle relevanten Beiträge zu gebündelten Kernaussagen neu formuliert werden, entsteht ein objektives Werk der Gruppe.

Sie werden es vermutet haben: Ohne „Rücksprache" mit der Gruppe werden Sie auch diese Liste nicht erstellen können. Stimmen Sie mit Ihren Besprechungsgästen ab, unter welchem Stichwort Sie den Klumpen von der einen Pinwand in die Liste auf der anderen Pinwand übertragen sollen. Es steht Ihnen frei, Vorschläge zu machen – doch dann sollte die Gruppe Gelegenheit bekommen, den Vorschlag zu erwägen und „abzusegnen". Oder andere Vorschläge zu machen.
Jeder Schritt in der Moderation – besonders dieser kleine Schritt, Karten zusammenzufassen – bedarf der Zusammenarbeit der Gruppe. Der Moderator ist für das Ergebnis der Gruppe nicht verantwortlich. Aus diesem Grund hat die

Kapitel 5

Visualisierung oberste Priorität. An Pinwänden kann jeder jeden einzelnen Schritt mitverfolgen und nachvollziehen. Einwände kann er sofort erheben. Das mag Ihnen als Besprechungsleiter umständlich erscheinen. Doch so haben Sie am Ende der Besprechung Ergebnisse in der Hand, die alle tragen und von denen alle wissen, auf welchem Wege (und mit welchen Überlegungen) sie zu Stande gekommen sind. Die Informationen fließen ohne Reibungsverluste. Und die Chancen, dass eine Arbeitsgruppe gemeinsam gefasste Beschlüsse auch umsetzt, stehen bemerkenswert hoch.

Lösungsweg	Bewertung	Rang
Zeitreserven einplanen		
"Notfallplan" für Verspätungen		
Terminkoordinator intern beauftragen		
Besserer Kontakt zu Kunden		
Zentrale, aktuelle Terminleiste		

Walter Gernot hat die Lösungsvorschläge der Teilnehmer bereits in die Liste eingetragen. Acht Themen hat die Gruppe aus ihren Ideen zusammengefasst:

Aus Ideen Maßnahmen destillieren

Lösungsweg	Bewertung	Rang
Zeitreserven einplanen		
Zeitmanagement-Seminare		
Zentrale, aktuelle Terminleiste		
„Notfallplan" für Verspätungen		
Bessere interne Kommunikation		
Terminkoordinator intern beauftragen		
Freie Mitarbeiter einbinden		
„Prämien" für pünktliche Arbeiten		

„Haben Sie noch ergänzende Vorschläge anzufügen?" fragt Walter Gernot. Der Ideenreichtum der Gruppe ist zunächst erschöpft.

6. Wer macht was – und bis wann?

„Was halten Sie von diesem Zwischenergebnis?" Walter Gernots Besprechungsgäste nicken zufrieden. Sie haben soeben wieder mit Klebepunkten über die acht Lösungswege abgestimmt. Klarer Favorit: Die Gruppe hat beschlossen, eine zentrale Terminleiste auszuhängen, die regelmäßig aktualisiert wird. Außerdem: Sie möchte freie Mitarbeiter für „Engpässe" heranziehen, und sie möchte einen Notfallplan für Verspätungen erarbeiten.

> **Aus potenziellen Lösungsvorschlägen muss die Gruppe einen konkreten Weg erarbeiten.**

„Ich denke, jetzt geht die Arbeit erst los", meint Oliver Hartenstein, „wir haben nur Stichworte. Daraus müssen in den nächsten Tagen konkrete Pläne werden und Aufgaben, die wir verteilen. Sonst nützt es nichts."

Walter Gernot nickt. „Ich möchte Sie bitten, genau das heute und hier zu erledigen. Wir bilden drei Arbeitsgruppen, die sich jeweils mit einem Thema beschäftigen. Jede Gruppe entwirft an einem eigenen FlipChart Maßnahmen und Aufgaben. In einer halben Stunde präsentiert jede Gruppe ihr Ergebnis. Dann werden wir die Aufgaben verteilen. Eine Sache noch! Wenn Sie gleich am FlipChart arbeiten, bitte ich Sie, sich dabei auch über etwas anderes Gedanken zu machen: Jedesmal, wenn Sie eine mögliche Maßnahme oder Lösung notieren, machen Sie sich bitte auch Gedanken über Risiken Ihres Ansatzes. Das hilft uns, die Ideen später besser einzuschätzen."

Walter Gernot zeigt ein vorbereitetes Muster auf einem FlipChart. „Sehen Sie hier, zwei Spalten auf dem Papier: Links Ihre Lösungsvorschläge, rechts daneben eine Spalte mit potenziellen Problemen. Und notieren Sie Ihre Beiträge bitte so, dass Sie am FlipChart nachher Ihre konkreten Maßnahmen der Gruppe präsentieren können."

> **Gruppenarbeit lässt sich effektiv mit der Besprechung kombinieren.**

Gruppenarbeit und Besprechung schließen einander nicht aus. Nichts hindert Sie daran, für Detailarbeiten Ihre Bespre-

Kapitel 6

chungsrunde in Gruppen von drei, vier oder fünf Mitarbeitern weiter arbeiten zu lassen. Mehrere Themen werden parallel bearbeitet und hinterher von der Kleingruppe im Plenum präsentiert.

Wie gehen Sie vor, um Arbeitsgruppen zu bilden?

Teilen Sie Ihre Gruppe niemals willkürlich auf nach dem Prinzip: „Die Kollegen an der Fensterseite machen das Thema Einkaufsoptimierung, der Rest kümmert sich um die Vertriebsstrukturen." Lassen Sie die einzelnen Teilnehmer selbst entscheiden, welches Thema sie weiter verfolgen möchten. Geben Sie jedem Teilnehmer eine runde Karte. Darauf notiert er seinen Namen und hängt die Karte an der Pinwand zu dem aufgelisteten Thema, das ihn interessiert.

Die Teilnehmer sollten selbst entscheiden, welches Thema sie in einer Gruppe bearbeiten möchten.

Dabei kann es vorkommen, dass ein Thema von nur einem einzelnen Teilnehmer gewählt wird. In Absprache mit diesem „Einzelgänger" werden Sie auch diesen Teilnehmer einer Gruppe anschließen können. Zumeist ist Ihre Intervention gar nicht nötig. Die betreffenden Teilnehmer sehen selbst, dass sie bei einem Thema auf verlorenem Posten stehen und werden sich spontan für eine andere Gruppe entscheiden.

Arbeitsgruppen sind auf sich selbst gestellt

Ohne Anleitung geht es aber nicht. Die Gruppe muss wissen, was sie zu tun hat. Bereiten Sie Pinwand- oder FlipChartlisten vor. Nehmen Sie Walter Gernots Liste („mögliche Maßnahmen" / „potenzielle Risiken") als Muster. Ein anderer Vorschlag: Teilen Sie das FlipChart-Papier in vier Felder. Notieren Sie das Thema über dieser Liste (Beispiel: „Thema: Schlechter Service"). Die vier Felder betiteln Sie (beispielsweise) mit: „Mögliche Ursachen?" „Mögliche Lösungsansätze" „Denkbare Widerstände?" „Konkrete Maßnahmen". Je verständlicher Sie das *Gruppenarbeitsformular* gestalten, desto effizienter ist es.

Mit einem Gruppenarbeitsformular gibt der Moderator den Teilnehmern einen Leitfaden.

Wer macht was – und bis wann?

```
         ┌─────────────┐
         │   Problem   │
         └─────────────┘
┌──────────────────┬──────────────────┐
│  Ursachen        │  Lösungen        │
├──────────────────┼──────────────────┤
│                  │                  │
│  Problem-        │  Ideen-          │
│  analyse         │  findung         │
│                  │                  │
├──────────────────┼──────────────────┤
│  Widerstände     │  konkr. Maßnahmen│
├──────────────────┼──────────────────┤
│                  │                  │
│  Analyse         │  Entscheidung    │
│  pol. Probleme   │       +          │
│                  │  Maßnahmen       │
└──────────────────┴──────────────────┘
```

Geben Sie jeder Gruppe eigenes Arbeitsmaterial, also ein FlipChart oder eine Pinwand mit den vorbereiteten Formularen. Und ermöglichen Sie es den einzelnen Gruppen, sich nicht gegenseitig zu stören. Jedes Team sollte seinen eigenen Bereich im Besprechungsraum haben. Notfalls können Sie eine Gruppe auch in ein Nachbarzimmer ausquartieren.

Nach einer halben Stunde trifft Walter Gernots Besprechungsgruppe wieder zusammen. Jede der drei Gruppen präsentiert ihre Ergebnisse.
Oliver Hartenstein macht am FlipChart den Anfang. „Wir haben uns über das Thema 'Zeitleiste' Gedanken gemacht

Kapitel 6

und überlegt, wie wir die Idee umsetzen können. Also, folgende Ergebnisse:
Erstens: Wir hängen hier im Besprechungszimmer eine Magnettafel mit einem Jahresüberblick auf. Diese Magnettafel müssten wir natürlich sorgfältig auswählen. Jeder Mitarbeiter bekommt eine Zeile, auf der eingetragen wird, mit welcher Arbeit er sich wann beschäftigen wird. Anhand der Tafel können wir sofort sehen, ob die Termine beispielsweise zwischen Texter und Grafiker abgestimmt sind. Wir sehen sofort, ob eine Arbeit drei Tage lang unnötig herumliegt oder ob wir von den Terminen her Hand in Hand arbeiten.
Zweitens: Wir brauchen jemanden, der die Tafel ständig aktualisiert. Niemand darf eigenmächtig an die Tafel gehen.

Der Tätigkeitskatalog beschreibt, in welcher Form eine Maßnahme mit Rahmenbedingungen ausgeführt werden soll.

Er muss sich mit Terminverschiebungen an den Koordinator wenden, der dann die Termine auf der Tafel korrigiert und gegebenenfalls die neue Lage mit anderen Mitarbeitern abspricht. Nun, da gibt es ein Problem: Der Koordinator hat eine Menge abzustimmen und es kann sein, dass er deshalb von anderen Aufgaben abgezogen werden muss. Auf jeden Fall wird dies eine Herausforderung für unsere interne Kommunikation."
„Wer würde Terminkoordinator werden?" fragt Sabine Kopf. Oliver Hartenstein schlägt vor, er könne die Aufgabe übernehmen. „Mir würde es Spaß machen und ich glaube, ich kann die Sache gut bewältigen. Oder komme ich Ihnen damit zu sehr ins Gehege, Frau Ballhaus? Sie sind eigentlich für die Koordination zuständig ..."
Ruth Ballhaus freut sich, dass sie entlastet wird.
Walter Gernot notiert die Maßnahme „Zeitleiste erstellen" und setzt Oliver Hartenstein in die Namensspalte daneben. „Bis wann können Sie die Zeitleiste einrichten?" „Ich denke, in vier Wochen bin ich soweit." Walter Gernot notiert in der dritten Spalte unter der Frage („Bis wann?"): „12. Mai."

Wer macht was – und bis wann?

Tätigkeitskatalog

Nr	Tätigkeiten	Wer	mit Wem	bis wann	Bemerkungen	o.k.
1						
2						
3						

Auch die anderen beiden Gruppen haben konkrete Maßnahmen erarbeitet und potenzielle Probleme erörtert. Jetzt werden Mitarbeiter mit Aufgaben betraut. Beispielsweise freie Mitarbeiter zu suchen, die Qualifikation der Freischaffenden zu prüfen und Aufgaben zu verteilen. Sabine Kopf erklärt sich bereit, künftig die freien Mitarbeiter als Ansprechpartnerin zu betreuen und den Kontakt zu halten. Peter Rudolphus wird eine Stellenanzeige für Fachmagazine entwerfen, den Text liefert Ralf Schöner.

Am Ende der Besprechung hat die Gruppe elf Maßnahmen, Einzelaufgaben und zugleich Termine für die Erledigung beschlossen. Walter Gernot hat die Ergebnisse in dem Maßnahmenkatalog festgehalten und verspricht, jedem einzelnen Teilnehmer ein Besprechungsprotokoll anzufertigen.

„Soll ich nicht besser das Protokoll schreiben?" fragt Ruth Ballhaus.

„Weshalb?" fragt Walter Gernot, „im Maßnahmenkatalog habe ich keine Aufgabe. Also kümmere ich mich wenigstens ums Protokoll."

Kapitel 6

Stühlerücken im Konferenzzimmer. Doch Walter Gernot hält seine Mitarbeiter noch für einen Moment zurück. „Bevor Sie gehen, möchte ich einen letzten Punkt mit Ihnen besprechen." Und nach einer kurzen Pause erklärt er: „Ich möchte von Ihnen wissen, ob Sie mit der Besprechung zufrieden waren."

Auf einem FlipChart hat er eine These als Frage vorbereitet:

„Ich halte die heutige Besprechung für ..."
++ | + | 0 | – | – –

```
┌─────────────────────────────────┐
│  Ich halte die heutige          │
│  Besprechung für                │
├────────┬────────┬────────┬──────┤
│   ++   │   +    │   –    │  – – │
├────────┼────────┼────────┼──────┤
│        │        │        │      │
└────────┴────────┴────────┴──────┘
```

„Bitte nehmen Sie einen Klebepunkt und äußern Sie am FlipChart Ihre Meinung. Ihr Feedback ist mir wichtig."

Die meisten Teilnehmer haben das Konferenzzimmer bereits verlassen. Sabine Kopf bleibt noch einen Augenblick und hilft beim Aufräumen.

Wer macht was – und bis wann?

„Wie fanden Sie die Besprechung?" fragt sie Walter Gernot.
„Vielleicht ein neuer Weg, montags zu Ergebnissen zu kommen", meint er. Beide schauen auf das Feedback am Flip-Chart. Fast alle Mitarbeiter waren begeistert.
„Werden wir so weitermachen?"
„Ich denke, schon. Ja, ganz sicher. Damit ist allerdings einiger Aufwand verbunden. FlipCharts vorbereiten, Einladungen ausarbeiten und vieles mehr."
„Wenn Sie wollen, helfe ich Ihnen dabei", schlägt Sabine Kopf vor, „wir sollten damit weitermachen."
„Wenn Sie helfen möchten – okay! Am Mittwoch bereite ich die nächste Besprechung vor. Sagen Sie Oliver Hartenstein Bescheid, dass er Ihnen den Nachmittag auf der Zeitleiste freihält."

Zweite Zwischenbilanz

Ein Blick zurück: Sie haben die „moderierte Besprechung" Schritt für Schritt und mit grundlegenden Techniken kennengelernt. Sie wissen, wie Sie gemeinsam Spielregeln beschließen, wie Sie über die Tagesordnung beraten, wie Sie Themen auswählen, wie Sie Ideen sammeln und ausarbeiten, wie Sie Besprechungsteilnehmern Aufgaben übertragen (oder vielmehr: wie Besprechungsteilnehmer selbst Aufgaben übernehmen) und wie Sie ein Feedback einholen.

Bausteine der moderierten Besprechung: Spielregeln, Gruppenarbeit, Punktfragen oder Zuruffragen und Feedbacktechniken.

Was bleibt zu tun?

... Sie sind sich noch nicht sicher, ob Sie mit der Moderation Wein gegen Wasser tauschen. Wird die Moderation Besprechungsfehler vermeiden und Ihren Besprechungen zu mehr Effizienz verhelfen?

... Sie wissen noch nicht, wie Sie während einer Besprechung mit Konflikten umgehen können.

... Sie wissen noch nicht, wie Sie eine Besprechung vorbereiten.

... Sie möchten vielleicht die Moderation ausprobieren. Was ist der erste Schritt? Die Einladung zu einer moderierten Besprechung. Hilfe folgt!

7. Wenn es blitzt und donnert – Konflikte meistern

Nicht jede Besprechung verläuft in harmonischen, beinahe friedvollen Bahnen. Lassen Sie sich von Konflikten nicht irritieren. Von Zeit zu Zeit prallen gegensätzliche Meinungen aufeinander, und auch zwei „verfeindete" Mitarbeiter können eine Besprechung erheblich aus dem Gleichgewicht bringen. Die Moderation soll Sie darin unterstützen, eine Besprechung effektiver zu leiten – was nicht heißt, dass Moderation ein Mittel ist, Konflikte zu umgehen.

Mit der Moderationsmethode verhindern Sie, dass schwelende Konflikte die Arbeitsatmosphäre stören. Sie packen Konflikte künftig sachlich und konstruktiv an, selbst jene schwer fassbaren Animositäten, die unter der Oberfläche gären und das Klima belasten. Während der Moderation darf nichts unter den Teppich gekehrt werden.

Bei schwebenden Konflikten in einer Besprechungsrunde hilft die Moderation, sachlich durch Transparenz zur Klärung beizutragen.

Denn auch Konflikte sind Informationen. Übergehen Sie keine Kritik. Machen Sie Konflikte zum Thema, sorgen Sie auch bei Meinungsverschiedenheiten und Streit für Transparenz. Subversive Störungen allerdings sollten Sie sofort abstellen. Das schreiben bereits die Spielregeln vor.

Ein Teilnehmer erklärt sich mit einem Beitrag partout nicht einverstanden. Was tun? Erinnern Sie sich: Jeder Beitrag „gilt". Nicht nur Ideen sind Beiträge, sondern auch Kritik, sogar ein geäußertes und nicht näher beschriebenes Unbehagen. Nichts wird gewertet, als Gefühlsduselei oder Meinungsmache abgetan.

Mit dem Konfliktpfeil können die Teilnehmer Kritik üben, ohne dass eine aggressive Stimmung entsteht.

Daran führt kein Weg vorbei. Gehen Sie also den direkten Weg. Eine hilfreiche Technik: Möchte jemand an einem Beitrag Kritik üben, geben Sie ihm einen Aufkleber mit einem stilisierten „Blitz", dem Konfliktpfeil. Fehlt Ihnen der Blitz-

Kapitel 7

Aufkleber im Augenblick, zeichnen Sie mit einem Moderationsmarker ein Blitz-Symbol auf eine kleine runde Karte. Der Teilnehmer bringt diesen Konfliktpfeil an der Karte an, die ihm nicht passt. Damit drückt er aus: „Ich bin damit nicht einverstanden." Sie brauchen dann darüber nicht in aller Länge und Breite zu diskutieren. Zugleich muss sich der Teilnehmer nicht rechtfertigen. Seine Kritik ist zur Kenntnis genommen und festgehalten worden. Fertig.

Mitunter reicht der „Konfliktpfeil" nicht aus. Der Teilnehmer möchte seine Kritik erläutern und ein Statement abgeben. Auch dies sollten Sie ihm nicht verwehren. Geben Sie ihm eine Karte, auf der er (ähnlich wie bei der Kartenfrage) seine Kritik kurz und bündig notiert.

Symbole wie Fragezeichen, Konfliktpfeil, Sympathieherz oder Launys (Gesichtssymbol) visualisieren die Empfindungen der Teilnehmer, ohne persönlich zu werden.

Hängen Sie diese Karte mit dem Blitz-Symbol, dem Konfliktpfeil, an den betreffenden Beitrag. „Blitz und Donner", wie Moderatoren diese Form der Visualisierung von Kritik nennen. Ähnlich, wie Sie Kritik visualisieren, können Sie natürlich auch Beifall und spontane Zustimmung kennzeichnen. Dafür gibt es einen runden Aufkleber mit einem Herz-Symbol.

Wie Sie Störungen beseitigen

Nicht nur Gruppenmitglieder können stören, indem sie ständig die Besprechung unterbrechen, sich nicht an die Spielregeln halten oder gar Macht ausüben und zu manipulieren versuchen. Auch offenstehende Türen, zu wenig Licht oder das Bedürfnis nach einer Pause beeinträchtigen das Besprechungsklima. Hier gilt die Spielregel: „Die Beseitigung von Störungen hat Vorrang." Jeder hat das Recht, für diese „Kleinigkeiten" eine Besprechung kurz zu unterbrechen. Denn diese „Kleinigkeiten" ärgern den einen oder anderen so sehr, dass er sich mehr mit der Störung als mit dem Thema beschäftigt. Er ist nicht konzentriert bei der Sache und am gemeinsamen Prozess beteiligt.

Für den Moderator hat die Beseitigung von Störungen oberste Priorität.

Wenn es blitzt und donnert – Konflikte meistern

Fordern Sie Ihre Teilnehmer auf: Sobald sich jemand gedanklich mit Belästigungen befasst oder sich zu ärgern beginnt, darf er sich zu Wort melden und die Störung beseitigen.
Macht jemand auf eine Störung aufmerksam, muss sich der Moderator darum kümmern. Sofort.
Klären Sie ab: Ist die Störung bereits damit beseitigt, dass Sie darauf ansprechen? Wenn ja, können Sie anschließend weitermachen? Damit stellen Sie kleineren Verdruss problemlos ab.
Bei massiveren Störungen sollten Sie nachhaken. Was erwartet der Teilnehmer vom Moderator oder anderen Teilnehmern? Akzeptiert dies die Gruppe? Wenn nicht, (wie) können Sie dem Teilnehmer entgegenkommen? Müssen Sie das Problem jetzt, in diesem Augenblick lösen – oder reicht es, wenn Sie sich später darum kümmern? Sollte die Gruppe dieses Problem überhaupt lösen – oder kann sie damit leben?

Wenn es in der Runde „kracht"

Dann hilft Ihnen nichts anderes, als aus dem Konflikt ein eigenes Thema zu machen. Moderatoren nennen dies „Blitzlicht". Mit dieser Technik bewältigen Sie eine Konfliktsituation, die das Arbeitsklima nachhaltig belastet. Zudem haben Sie mit dem Blitzlicht ein Werkzeug an der Hand, das Sie als Moderator aus der Bredouille bringt.
Gehen Sie in zwei Schritten vor. Schritt eins: In einer kurzen Aussage schildert jedes Gruppenmitglied, wie es die augenblickliche Situation erlebt. Diese Statements sollen nicht nur, sie müssen subjektiv sein. Gerade diese Subjektivität trägt dazu bei, die Lage zu sondieren. Zweiter Schritt: Jeder Teilnehmer formuliert in einer ebenso knappen Aussage, was er sich jetzt wünscht oder was er vorschlägt.
Schwelt also ein Konflikt, sollten Sie mutig zur Blitzlicht-Technik greifen. Erinnern Sie die Gruppe zunächst an ihr gemeinsam formuliertes Ziel, an die Spielregeln und an die Mitverantwortung eines jeden dafür, dass Ziele erreicht und

Mit dem Blitzlicht wird aus einem akuten Konflikt ein eigenes Besprechungsthema.

Kapitel 7

Spielregeln eingehalten werden. Erläutern Sie die Blitzlicht-Regel. Gehen Sie anschließend beide Schritte durch. In fast allen Fällen werden Sie eine Basis finden, auf der Sie das Problem lösen und die Störung beseitigen können.

„Nichts geht mehr!"

Sie stecken fest mit Ihren Bemühungen, Konflikte zum Thema zu machen, Sie zu visualisieren und gemeinsam eine Lösung zu finden. Die Fronten haben sich verhärtet, die Positionen lassen sich nicht vereinbaren. Sie sind mit Ihrem Latein am Ende.

Nicht zu bewältigende Konflikte müssen vom Moderator hinterfragt werden.

Das wird sehr, sehr selten passieren. Ausgeschlossen ist es allerdings nicht. Wenn Sie plötzlich allein stehen und die Gruppe nicht mehr mitmacht, sollten Sie sich diese Fragen stellen:

Müssen Sie überhaupt etwas unternehmen?
Kann die Gruppe die Situation noch bewältigen?
Müssen Sie eingreifen?
Können Sie überhaupt noch eingreifen?
Dürfen Sie noch eingreifen?
Ist es jetzt Ihre Aufgabe, einzelne oder mehrere Teilnehmer einer Art „Therapie" zu unterziehen?
Benötigen Sie eine höhere Instanz, um die Lage zu klären?

Beantworten Sie sich aufrichtig diese Fragen und treffen Sie eine Entscheidung.

8. ... gegen landläufige Besprechungsfehler gefeit?

Moderierte Besprechung – eine Universalmethode?
Vielleicht keine Universalmethode. Doch die Moderation erlaubt Ihnen, viele Besprechungsfehler auszuschalten.

Die Teilnehmer schweifen vom Thema ab.
Sicherlich, auch bei der moderierten Besprechung werden Sie auf den einen oder anderen unsinnigen, abschweifenden Gedanken stoßen. Allerdings: Die moderierte Besprechung bezieht von Anfang an alle Teilnehmer in den Prozess mit ein. Sie erarbeiten gemeinsam die Ziele der Besprechung, legen gemeinsam Prioritäten fest und setzen sich mit den einzelnen Besprechungsschritten immer wieder Teilziele. Das zentriert die Aufmerksamkeit Ihrer Besprechungsgäste auf die Sache selbst.

Durch gemeinsame Zielsetzung ist stets die Aufmerksamkeit gesichert.

Schlechte Vorbereitung.
Auch ein weit verbreiteter Besprechungsfehler. Wie hilft die moderierte Besprechung? Bereits während der Besprechung erarbeitet sich die Gruppe Aufgaben, die bis zur nächsten Besprechung erledigt sein müssen. Fragen dazu können sofort geklärt werden. Die Prioritäten setzt die Gruppe gemeinsam.

Emotional und unsachlich geführte Besprechungen.
Die moderierte Besprechung leugnet keinen Konflikt. Nichts wird unter den Teppich gekehrt. Konflikte – etwa gegensätzliche Meinungen oder negative Gefühle – wird die Gruppe sofort sachlich diskutieren, ehe einzelne Teilnehmer diese Konflikte mit gewetzten Messern unter sich austragen.

Konflikte werden ausgetragen – auf sachlicher Ebene.

Kapitel 8

Kartenfragen lassen Machtstrebern keinen Raum.

Profilierungssucht einzelner Teilnehmer.
Kartenfragen erfolgen anonym. Der Teilnehmer bekommt keine Gelegenheit, sich mit seinen Beiträgen ins Rampenlicht zu stellen. Auch dass die Gruppe alle Beiträge zunächst gleichwertig behandelt, nim-mt Profilierungsüchtigen den Wind aus den Segeln. Sie erkennen bald: Keine Chance, sich vor der Mannschaft aufzublasen. Und laut Spielregel wird sich der Vorgesetzte in die Gruppe einfügen – sofern ihm nicht als Moderator Neutralität auferlegt ist.

Zu frühe Wertung von Ideen.
Genau das vermeidet die Technik der Moderation. Erst dann, wenn alle Beiträge gesammelt sind, befindet die Gruppe über Einzelbeiträge – und zwar so, dass der Urheber der Beiträge sich möglichst nicht gekränkt fühlt, wenn seine Idee „durchfällt".

Mangelnde Disziplin.
Mitarbeiter kommen zu früh, telefonieren oder wollen die Besprechung vor ihrem Ende wieder verlassen. Die zuvor ausgehandelten Spielregeln setzen den Unsitten ein Ende. Vor allem das oberste Gebot, dass sich alle um die Einhaltung der Spielregeln bemühen, unterstützt die Disziplin.

Einsatz von Macht.
Diese wird vom Moderationsprozess prinzipiell ausgeschlossen. Die Visualisierung gestaltet den Prozess transparent; jeder Versuch, zu bestimmen und zu manipulieren, würde sofort ins Bewusstsein aller dringen.

Umgang mit der Zeit.
Zeitpläne kann die Gruppe schon während der Diskussion der Tagesordnung festlegen. Zu jedem gewählten Tagesordnungspunkt setzt sie dann die Zeit fest, die man dem Thema zubilligt. Verbindlich für alle: Sich an Termine halten – bei der Vorbereitung,, während des Meetings und hinterher.

...gegen landläufige Besprechungsfehler gefeit?

Keine Umsetzung der Beschlüsse.
Außer Reden nichts gewesen – ein Fehler vieler Meetings. Die Chancen, dass nach den Worten auch Taten folgen, stehen günstig. Erstens: Beschlüsse, die die Gruppe gemeinsam fasst, setzt sie in der Regel auch um. Zweitens: Rückfragen, die eine Umsetzung behindern könnten, noch während der Zusammenkunft geklärt werden. Drittens: Die Hintergründe und Prioritäten der Beschlüsse sind jedem klar.

Gruppenbeschlüsse werden eher umgesetzt.

Fehlende und unklare Ziele der Besprechung.
In einer moderierten Besprechung klären Sie zu Anfang alle Ziele ab. Die Teilnehmer werden einbezogen und strittige Fragen vorab geklärt.

Fehlende Visualisierung.
Visualisierung ist ein Grundprinzip der Moderation.

Mangelnde Ergebnisorientierung.
In achtzig Prozent der Besprechungszeit debattieren die Teilnehmer darüber, was sich nicht machen lässt. Durch die Moderationsmethode gelingt es Ihnen, den Prozess ergebnisorientiert zu führen. Die Gruppe legt einen Maßnahmenkatalog fest und ergänzt ihn während der Besprechung. Auch durch die Fragen werden Sie die Diskussion beflügeln: Sie fragen nach, welche Lösungsansätze Ihre Teilnehmer sehen – und nicht danach, welche sie nicht sehen. Damit geben Sie den Überlegungen einen Rahmen.

Ergebnisorientierung mittels des Maßnahmenkataloges.

Abteilungsdenken.
Kein Ausnahmefall: Stillschweigend arbeiten die Vertreter verschiedener Abteilungen gegeneinander – statt miteinander. Die moderierte Beprechung gibt Ihnen Gelegenheit, Gesamtziele aller Abteilungen zu erarbeiten und das Abteilungsdenken zum Thema zu machen.

9. Rollenspiel – Sie als Moderator

Sie selbst können Ihre Besprechung moderieren. Sie müssen aber nicht moderieren. Auch ein Mitarbeiter kann die Gruppe leiten. Nirgends steht in Stein gemeißelt, dass beispielsweise ein Vorgesetzter (oder derjenige, der zur Besprechung eingeladen hat) das Meeting auch moderieren muss. Dennoch wird in den meisten Fällen derjenige, der zu einer Besprechung einlädt, auch moderieren. Und das ist meistens der Vorgesetzte. Sie werden in Ihrer Einladung gewisse Themen vorgeben und der Gruppe bei der Mitgestaltung Freiraum geben. Wieviel Freiraum Sie geben, hängt von der Art des Meetings ab, von den Zielen und den Themen. Die Sache kann erzwingen, dass Sie die Mitgestaltung einschränken. Fragen Sie sich: Was kommt eigentlich auf die Teilnehmer einer Besprechung zu? Welche Aktivitäten erwarte ich von den Teilnehmern?

Nicht nur der Einladende, auch Mitarbeiter können eine Besprechung moderieren.

Wenn Ihre Besprechungsgäste nur Informationen während eines Vortrags oder einer Präsentation bekommen, werden Sie auf die Visualisierungstechniken der Moderation zurückgreifen und anschließend Rückfragen Ihrer Gäste klären. Möchten Sie aber Teilnehmer um Meinungen bitten (Kritik, Lob und Tadel), dann werden Sie mehr Möglichkeiten zur Moderation haben. Sie werden Ihre Mitarbeiter vielleicht nach ihren Erfahrungen fragen, um beispielsweise Probleme zu analysieren oder Ideen kritisch zu bewerten.

Je nach Intention der Besprechung können individuell Moderationstechniken kombiniert werden.

Kapitel 9

Der Moderator

Sie haben gelernt, was ein Moderator nicht darf: Einfluss auf die Beiträge der Gruppe nehmen, während des Meetings Entscheidungen im Alleingang fällen, Beiträge früh werten oder gar im Keim ersticken. Gut! Was nun ist Ihre Aufgabe?

Als Moderator erklären Sie die Abläufe und den Prozess der Besprechung. Sie verdeutlichen der Gruppe: Jeder Einzelne trägt die Verantwortung dafür, dass die Gruppe ihre Ziele erreicht. Jeder Einzelne trägt Verantwortung für den reibungslosen Ablauf der Besprechung und trägt dafür Sorge, dass sich alle Teilnehmer wohlfühlen.

Hauptaufgabe des Moderators ist, aus Betroffenen Beteiligte zu machen.

Als Moderator nehmen Sie möglichst weit von dem Inhalt der Besprechung Abstand (für die Ergebnisse steht die Gruppe ein). Ihnen als Moderator geht es um die Prozesse, also nicht um das inhaltliche Was, sondern um das Wie. Sie motivieren die Gruppenmitglieder, ihre Verantwortung zu tragen.

Den Prototyp des neutralen Moderators gibt es nicht

Sofern Sie nicht als externer Moderator agieren, werden Sie von Anfang an in einer bestimmten Beziehung zu Ihrer Besprechungsgruppe stehen. Möglicherweise sind Sie – wie Walter Gernot – Vorgesetzter der Gruppe. In einem anderen Fall mag es sein, dass Sie Kollege unter Kollegen sind. Dann ist Ihr eigener Vorgesetzter Gruppenmitglied. Oder: Sie sind Spezialist unter Spezialisten, Sie sind Laie unter Spezialisten.

Vorab sollte jeder Moderator sein Verhältnis zu den Teilnehmern kritisch betrachten.

Wenn Sie Ihre Rolle als Moderator kritisch betrachten, dann werden Sie auf einige Probleme stoßen. Der moderierende Vorgesetzte wird sich selbstkritisch fragen, ob er nicht doch „irgendwie" seine Autorität ins Spiel bringt und die Gruppenprozesse inhaltlich beeinflusst. Als moderierender Mitarbeiter wird es Ihnen vielleicht schwerfallen, Ihren Chef zu ermahnen, sich an die Spielregeln zu

Rollenspiel – Sie als Moderator

halten. Als Spezialist werden Sie in Versuchung kommen, Ihr Fachwissen geltend zu machen und eine Gruppe von Laien in eine Richtung zu steuern, die Ihnen angenehm ist. Oder eine ganz andere Frage: Werden Sie akzeptieren können, dass die Gruppe Ihren sorgfältig ausgearbeiteten Besprechungsablauf in Frage stellt? Alles möglich.

Besprechungsthema: „Moderation"

So, wie Sie beispielsweise Konflikte zu einem Thema machen, können Sie auch Ihre Rolle als Moderator besprechen (es gibt wenig, was man nicht zum Thema einer moderierten Besprechung machen kann). Wenn Sie sich als Moderator unsicher fühlen, fragen Sie die Gruppe, wie Sie sich als Moderator verhalten sollen. Sie können sogar Spielregeln aus dieser Diskussion ableiten.

Ihre Rolle als Moderator sollten Sie bereits zu Beginn der Besprechung klären, vielleicht schon dann, wenn Sie die Spielregeln vereinbaren. Sie werden sehen, dass es gar nicht so schwierig ist, auf einen Teil Ihrer Autorität zu verzichten. Bitten Sie alle Beteiligten, Sie auf autoritäres Verhalten aufmerksam zu machen und es als Störung zu bemängeln. Das gilt auch dann, wenn Ihr Vorgesetzter Gruppenmitglied ist und versucht, aus dieser Position Einfluss zu nehmen. Ist seine Rolle von Anfang an geklärt, wird er ein für alle ansprechbares Mitglied.

Moderation bedeutet auch Bereitschaft, Autoriät abzugeben.

Sind Sie als Moderator zugleich auch Spezialist für ein Thema, vereinbaren Sie: Ihre Fachkenntnis setzen Sie nur ein, wenn die Gruppe es zulässt. Alles andere gilt als Störung. Aber Vorsicht: Anders als „Macht" ist Fachautorität ein ausgeklügeltes Mittel, unterschwellig Einfluss zu nehmen. „Sachzwänge" (oder Umstände, die als Sachzwänge ausgegeben werden) können eine Moderation empfindlich stören. Mit Fachautorität sollten alle sehr vorsichtig umgehen.

Als Fachspezialist gilt stets: Beeinflussung durch Fachautorität muss vermieden werden.

© 2002 managerSeminare – Edition Neuland

Kapitel 9

Zu guter Letzt: Alle Moderatoren müssen akzeptieren können, dass ihr geplanter Besprechungsablauf nicht der Weisheit letzter Schluss ist. Grundsätzlich steht einer Planänderung nichts im Wege, wenn die Gruppe es wünscht. Verschweigen Sie den Teilnehmern nicht, dass Planänderungen möglich sind und allen Vorteile bringen können. Sie selbst sollten sich den Kerngedanken der Moderationstechnik zu eigen machen, dass Sie als Moderator nicht ständig Verantwortung für die Gruppe übernehmen und für das Meeting geradestehen müssen.

10. Startphase: Bereiten Sie Ihre moderierte Besprechung vor

Es ist soweit! Sie kennen jetzt die wichtigsten Techniken einer moderierten Besprechung. Vielleicht haben Sie sich entschlossen, die Technik bei einer guten Gelegenheit auszuprobieren – oder sogar künftig die allermeisten (oder alle?) Besprechungen zu moderieren.

Vielen fällt der Einstieg in die moderierte Besprechung schwer. Es ist wie mit dem Aufsagen eines Gedichtes: Es dauert, bis Ihnen die ersten beiden Zeilen eingefallen sind. Haben Sie sich dieser Zeilen allerdings erinnert, schnurren Sie das Gedicht herunter. Ist der Anfang gemacht, kommen Sie gut voran.

Fangen wir deshalb nochmals von vorne an. Wie können Sie einen Einstieg in die Moderation versuchen? Wenn Sie bereits bei der Planung und der Einladung alle Weichen auf „Moderation" stellen, werden Sie sich schnell in die neue Technik einfinden. Spielen wir die Vorbereitung Ihrer Besprechung nochmals so durch, dass Ihnen der Start leichtfällt.

> Das Konzept der Einladung ist der Einstieg in die moderierte Besprechung.

Moment mal! Wie soll das gehen? Zum einen sollen Sie sorgfältig eine Besprechung planen. Zum anderen sollen Sie der Gruppe soviel Freiheit wie möglich lassen. Was denn nun: Vorbereitung oder spontane Arbeit während der Besprechung?

Auf diese Frage gibt es keine Patentantwort. Einige Eckdaten helfen Ihnen, den Rahmen abzustecken, in dem Sie agieren können. Zunächst einmal: Auf Ihrer Einladung werden Sie einige Besprechungsthemen ausweisen, die unbedingt auf den Tisch kommen müssen.

> Vorbereitung und Planung müssen Freiräume für flexible Gestaltungsmöglichkeiten berücksichtigen.

Gewichtungen von Themen und Prozessen können Sie nur

abschätzen. Sie haben Moderationstechniken an der Hand, die sich für einen bestimmten Einsatz als günstig erweisen. Die Kartenfrage ist ideal, um Ideen zu finden. Setzen Sie sie getrost ein, wenn sich während der Besprechung Bedarf zeigt – und sorgen Sie dafür, dass Sie sich für diesen Einsatz vorbereiten.

Also, einen gewissen Rahmen bei der Planung haben Sie. Dennoch: Wenn Sie eine Besprechung geplant haben, sollten Sie nicht akribisch an Ihrem Plan festhalten. Entschließt sich die Gruppe zu einem anderen Vorgehen, entwickelt sich die Diskussion anders als „geplant" – dann müssen Sie wohl oder übel Ihren Plan ändern.

Sie sitzen am Schreibtisch und wollen eine Besprechung vorbereiten. Was benötigen Sie? Themen. Fragen Sie sich: Welche Themen liegen von vornherein fest. Für welche Themen gibt es Sachzwänge? Welche Themen sind notwendig? Welche Themen hat Ihre Gruppe bereits bei der letzten Besprechung für heute festgelegt? Und: Wie können Sie feststehende Themen moderieren? Wie wollen Sie Spontan-Themen moderieren? Bei jedem Schritt Ihrer Planung sollten Sie sich nicht nur über den möglichen Inhalt Ihrer Besprechung Gedanken machen, sondern auch über das „Wie". Wie können Sie moderieren, visualisieren und den Entscheidungsprozess leiten? Welche Techniken (wie Punktfrage oder Zuruffrage) stehen Ihnen zur Verfügung und sind sinnvoll?

Bei der Themenplanung ist die Überlegung der Umsetzung elementar.

Jetzt haben Sie eine vorläufige Themenliste vorliegen. Greifen Sie dem Inhalt jetzt bitte nicht vor, doch überlegen Sie, was Sie für jedes Thema als Ziel für sinnvoll halten. Was soll am Ende stehen? Ein *Maßnahmenkatalog*? Die Information aller Teilnehmer? Ein Meinungsbild?
Gehen Sie die Themen durch. Wo liegen die Schwerpunkte? Etwa darin, Probleme zu analysieren, Ideen zu finden, die

Die Startphase

Ideen auszuwählen und zu bewerten, über etwas zu entscheiden, Maßnahmen festzulegen? Versuchen Sie abzuschätzen: Hat eine Phase der Bearbeitung eines Problems besondere Bedeutung, oder sind alle Phasen gleichermaßen wichtig? Ist möglicherweise die Ideenfindung wichtiger als eine Entscheidung – oder ist beides gleichermaßen von Gewicht? Die Bedeutung dieser Schwerpunkte kann darüber entscheiden, welche Technik sie wählen. Planen Sie also von Anfang an den sinnvollen, individuellen Einsatz der Techniken. Durch diese Ökonomie werden Sie von der Moderation in vollem Umfang profitieren.

Über der Themenliste muss stets die Frage stehen, was der Zweck der Besprechung ist.

Denken Sie über die Teilnehmer nach. Welche Aufgaben haben die Teilnehmer in der Besprechung? Welche Erfahrungen oder Kenntnisse können Sie nutzen? Auf was müssen Sie Rücksicht nehmen? Mit diesen Erwägungen gewappnet, entwerfen Sie die Spielregeln. Spielregeln gibt sich die Gruppe selbst, das wissen Sie, aber es hat sich bewährt, Spielregeln bereitzustellen und vorzuschlagen.

Für die Spielregeln sollten Sie sich Zeit nehmen. Denken Sie darüber nach, welche Teilnehmer kommen, welche Einflüsse es durch Hierarchieunterschiede gibt, welche Erfahrungen Sie mit den Teilnehmern haben, welche Probleme auftreten können, wie Sie mit Konflikten umgehen möchten und welche Kompetenzen oder welche Rolle Sie als Moderator haben. Vor allem: Wie möchten Sie die Spielregeln mit den Teilnehmern vereinbaren?

Jetzt steigen Sie in die Detailplanung ein. Welche Arbeitstechnik setzen Sie für jeden Schritt ein? Denken Sie auch an Material und Medien. Ist es günstiger, Pinwand oder Overhead-Projektor einzusetzen? Mit dem Overhead-Projektor informieren Sie Ihre Teilnehmer. Für die Interaktion sind Sie mit Pinwänden und FlipCharts besser beraten. Stellen Sie sicher,

Sobald die Arbeitstechniken feststehen, sollten unverzüglich Materialien besorgt oder gemietet werden.

© 2002 managerSeminare – Edition Neuland

Kapitel 10

dass Sie auch über wichtige „Kleinteile" wie Filzschreiber, Karten, Pinwandnadeln und ähnliches verfügen – in ausreichender Zahl, versteht sich. Nichts ist peinlicher, als wenn beispielsweise der Ideenfluss versiegt, weil Sie keine Karten mehr zur Hand haben. An dieser Stelle können Sie bereits ein Konzept erstellen, wie Sie die einzelnen Phasen visualisieren möchten. Entwerfen Sie Listen, bereiten Sie Fragen und Spalten auf Pinwandpapier vor.

Zu guter Letzt: Welche Fragen möchten Sie Ihren Besprechungsteilnehmern stellen? Sie wissen: Eine gute Frage ist die halbe Antwort. Denken Sie an die offenen Fragen. Sie können auch mit einer vorbereiteten These eine „Frage" stellen: „Wie bewerten Sie die These: Jeder Mitarbeiter im Innendienst muss zwei Wochen lang im Außendienst arbeiten." Denken Sie daran: Fragen sollen zu Antworten stimulieren. Sie setzen denjenigen, der antwortet, in ein gewisses „Bild". Auf die Frage „Welche Schwierigkeit sehen Sie?" wird den Teilnehmern womöglich weniger einfallen als auf die Frage „Von welchem Problem sind Sie am Arbeitsplatz betroffen?". Im günstigsten Fall wird die Frage beim Teilnehmer persönliche Betroffenheit auslösen. Es wird ihm ein Bedürfnis sein, sich Gedanken zu machen.

Die Fragestellung bestimmt darüber, ob der Befragte sich von dem Problem betroffen fühlt.

Los geht's! – Die Einladung

Bislang haben Sie die „moderierte Besprechung" im stillen Kämmerchen konzipiert. Laden Sie jetzt ein zu Ihrer Besprechung und setzen Sie schon in dieser Einladung deutliche Signale. Geben Sie jedem Teilnehmer genug Zeit, sich vorzubereiten. Bringen Sie die Einladung frühzeitig auf den Weg. Damit werden Sie bereits Punkte machen.

Memo-Zettel oder handschriftlich unterzeichneter Brief – beides kann als Einladung dienen. Eine gute Einladung aber enthält Informationen zu folgenden, rein „technischen" Punkten: Der Empfänger der Einladung ist genannt, und auch der Absender fehlt nicht. Es folgen: Ort, Datum und

Die Startphase

Zeit der Besprechung, der genaue Beginn und das Ende der Besprechung mit präziser Uhrzeit (besonders beim Ende sind Circa-Angaben kaum eine Planungsgrundlage für Ihre Teilnehmer). Eine gute Einladung nennt außerdem die Teilnehmer der Besprechung, bereits feststehende Themen mit den jeweiligen Zielen, die benötigten Unterlagen und die Aufgaben des Teilnehmers.

Nochmals zu dem Punkt „Aufgaben des Teilnehmers". Diese Angaben instruieren den Empfänger genau, wie er sich vorbereiten soll – und doch werden sie bei den meisten Einladungen stiefmütterlich behandelt. Häufig sind die Angaben nicht präzise genug. Schlimmstenfalls fehlen sie völlig.

Die Einladung enthält das umgesetzte Besprechungskonzept.

Teilen Sie also jedem Teilnehmer für jedes Thema mit, ob eine Präsentation, „Fragestunde", Diskussion, Problemanalyse, Ideenfindung, Bewertung oder Entscheidung auf dem Programm steht. Dank dieser Angaben bereiten sich Teilnehmer besser vor und gehen mit konkreten Erwartungen in die Besprechung: „Ich werde mitentscheiden ..."

Zugegeben, es kostet Zeit, eine Besprechung vorzubereiten – vielleicht mehr Zeit als gewohnt. Sie werden sehen, dass sich diese Zeitinvestition rentieren kann. Nämlich dann, wenn Ihre Besprechungen Erfolg haben, wenn Sie sehen, dass sich nach Besprechungen in Ihrem Team, in Ihrer Abteilung oder in Ihrem Unternehmen tatsächlich etwas bewegt. Sie werden feststellen, dass Ihre Mitarbeiter und auch Sie selbst nach einer Besprechung zufriedener an die Arbeit zurückkehren. Und dass die oft missliebigen Zusammenkünfte im Konferenzzimmer wieder Freude machen.

Stichwortverzeichnis

Arbeitsgruppe	55ff.
Besprechungsfehler	10ff., 22, 67ff.
Besprechungskultur	10, 13, 22
Besprechungsplan	39
Blitzlicht	65ff.
Detailplanung	77
Einladung	30, 75ff., 78ff.
Einpunktfrage	32
Entscheidungshilfe	37
Feedback	60ff.
Fragen	32ff., 34ff., 42, 46
Gruppenarbeit	56ff.
Gruppenarbeitsformular	56
Kartenfrage	41ff., 68, 76
Klebepunkte	26ff., 32ff.
Klumpen, Clustern	49ff.
Konflikte	63ff.
Konfliktpfeil	63ff.
Manipulationsgefahr	33ff.
Maßnahmenkatalog	37, 69
Mehrpunktfrage	32ff.
Oberbegriffe	51
Planung	75ff.
Präsentation	15, 20
Punktfragen	32ff.
Schrift	44ff.
Spielregeln	14, 27ff., 77
Stimmungsbarometer	26ff.
Tätigkeitskatalog	58ff.
Teilnehmerliste	29ff.
Themenliste	30ff., 39ff.
Visualisierung	18, 52, 68, 69
Vorbereitung	37ff., 67, 75ff.
Zuruffrage	46